U0067857

日職
出色援將

羅伊／凱爾文／破風 合著

天空數位圖書出版

目錄

影響日本足球深遠的巨星－齊哥（Zico）

文：破風

　　綽號「白貝利」的齊哥（Zico）曾經是巴西國家隊的「10號」球員，球員生涯非常成功，在退役後更獲巴西總統委任為體育部長。不過在1991年的時候，鹿島鹿角前身的住友金屬隊雖然只是仍然在業餘性質的日本乙級聯賽角逐，卻已經擁有成為強大職業球隊的宏願，於是邀請齊哥加盟。住友金屬的誠意打動了齊哥，令這名本來已經退役的前球員決定辭任官職，到人跡罕至的鹿島市作開荒牛。齊哥在住友金屬隊不僅是球員更是指導者，無論是球員的技術還是球隊的建設藍圖，都需要齊哥的參與。縱然當時已經年屆38歲，而且已經退役兩年多，齊哥在日本乙級聯賽仍然展現超班的實力，踢了22場比賽已經進了21球，令住友金屬獲得成為J聯賽始創球隊的身份。

　　住友金屬及後更名為鹿島鹿角，齊哥也隨球隊成為J聯賽一員，跟利特巴爾斯基（Littbarski）和萊恩克（Gary Lineker）等人成為最耀眼的球星。年屆40歲的齊哥在首季J聯賽仍然擁有不錯的表現，踢了16場聯賽進了9球。可是畢竟歲月催人，在1994年的賽季他因為傷患而經常無法上場，好不容易支撐了7場比賽，卻也能射進5球，可惜到了該年7月，他決定再次結束球員生涯。縱然齊哥沒能為鹿島帶來錦標，不過因為他的威望和穿針引線，令鹿島後來獲得約爾金霍（Jorginho）、萊昂納度（Leonardo）和馬辛尼奧（Mazinho Oliveira）等1994年世界盃冠軍成員加盟，再加上他倡導的巴西足球風格

深深植進鹿島的體系，令鹿島培養出不少名將，從 1996
年首次奪得 J 聯賽錦標，直到 2018 年首次在亞冠封王，
鹿島獲得二十九個冠軍，成為 J 聯賽史上奪冠最多的球
隊，一切都是建基於「齊哥魂」。

　　齊哥不再踢球後仍然與日本足球建立深厚的關係，
他在 2002 年世界盃後成為日本國家隊總教練，率領日
本隊在 2004 年亞洲盃成功衛冕，遺憾的是在 2006 年世
界盃決賽圈無法率領球隊在小組賽晉級，賽後他也黯然
離任。齊哥在 2016 年獲 J 聯賽賽會選進名人堂，並於
2018 年重返鹿島擔任技術總監，上任不足半年便協助球
隊首次成為亞洲冠軍。可是鹿島近年進入青黃交接期，
球隊成績並不理想，在 2019 至 2021 年三年間沒有贏過
冠軍。加上鹿島於 2021 年中更換班主後準備進行改革，
所以齊哥在 2021 年末辭職返回巴西，再次結束日本足
球之旅。

日職出色援將

日本製造，卻受日韓摒棄的
韓國前鋒－盧廷潤

文：破風

　　日本和韓國在各個範疇都是相互的假想敵，在日本舉辦 J 聯賽的初期，沒有太多球隊願意起用當時還不入流的韓國球員。代表韓國出戰兩屆世界盃的盧廷潤，卻是第一個在 J 聯賽踢球的韓國人，可是最終落得兩邊不是人的下場。

　　司職進攻中場的盧廷潤在大學時代就已經是韓國國腳，甚至在 1990 年亞運會為韓國取得個人國際賽首個進球。當盧廷潤在 1992 年畢業時，就在 K 聯賽選秀會獲油公隊（現在的仁川聯）選中，可是他卻接受了廣島三箭的邀請，還沒踢過 K 聯賽就去了 J 聯賽當開荒牛。由於當時韓日關係仍然很不佳，所以他遭受韓國國民的非議。

　　盧廷潤在日本也為韓國人爭一口氣，在廣島三箭隊成為常規主力，34 場比賽進了 9 球。不過在 1993 年末的世界盃資格賽，他再次成為韓國人不齒的對象。當時韓國隊和日本隊爭奪晉級資格，盧廷潤卻毫不避嫌，跟住在同一所飯店的廣島隊友森保一去吃燒肉。後來韓國隊輸給日本隊，於是連韓國隊總教練金皓也公開說，盧廷潤成為日本人的間諜是球隊落敗原因。自此盧廷潤在韓國人心目中就是叛徒，不過他還是繼續在韓國隊中，而韓國隊最終壓過日本隊拿到去美國的門票，也許令韓國人的氣下了一點。

　　還好盧廷潤沒受到影響，在 1994 年賽季協助廣島三箭拿到首循環聯賽冠軍，而在 1994 年世界盃決賽圈

也為韓國隊踢了兩場分組賽。在 1995 年賽季，盧廷潤更取得職業生涯最高的單賽季 13 個聯賽進球，也首次入圍 J 聯賽明星賽。到了 1997 年夏天，盧廷潤獲得荷甲球隊 NAC 邀請，於是他離開了效力四個半賽季的廣島。

可惜旅歐的兩個賽季對盧廷潤來說並不順利，上場機會不多之下，令他的狀態不佳，在 1998 年世界盃決賽圈也只踢了第一場分組賽。於是在 1999 年夏天，盧廷潤再次回到日本，這次他轉投另一支 J1 球隊大阪櫻花，雖然那賽季沒進球，卻錄得 11 次助攻，於是被足球雜誌評為年度最佳 11 人之一。而他在 2000 年賽季保持優異表現，從而第二次獲選參加 J 聯賽明星賽。可惜到了 2001 年櫻花隊成績不振，於是在夏天把盧廷潤和另一名韓國國腳金都根解僱。

當時盧廷潤獲得蔚山現代的招手，可是由於當時 K 聯賽不准許曾在選秀會「逃脫」的他加入，所以他繼續留在日本，轉投保級球隊福岡黃蜂。可惜他沒能協助福岡保級，然後隨球隊參加 J2 聯賽。但是盧廷潤沒能協助福岡在 2002 年獲得升級資格，於是福岡球迷遷怒在他身上，甚至把韓國隊球衣擲向他，令他勃然大怒，就算福岡會方極力挽留，他也決定離開。由於當時 K 聯賽已修改條例，盧廷潤也決定回到 K 聯賽加入釜山隊，帶著憤怒離開對他影響深遠的日本。盧廷潤在 K 聯賽踢了四個賽季之後，在 2006 年賽季結束後退役。

日職出色援將

東瀛黑船－
萊恩克（Gary Lineker）

文：破風

　　J 聯賽成立初期有不少世界級外援參賽，曾獲得1986年世界盃金靴獎的萊恩克（Gary Lineker）便是最著名的球星之一。他在 1992 年參與歐洲盃後便答允加盟名古屋八鯨（現改稱名古屋鯨魚），據報年薪高達 3 億日元，是當時日本聯賽薪金最高的球員。

　　曾效力巴塞隆納、托特納姆熱刺的萊恩克，贏過不少錦標，也代表英格蘭參與兩屆世界盃決賽圈，國家隊進球數達 48 球，當時成為英格蘭史上進球數排行第二的神射手。

　　可是一直很健康的萊恩克東來之時已經是傷患滿身，所以在首個賽季只能參與 7 場聯賽和射進 1 球。到了 1994 年的第 2 個賽季，雖然情況好一點，可是也只踢了 11 場比賽和進了 3 球。這跟昔日的神射手完全不一樣，這時他知道自己沒法再踢下去了，所以在 1994 年賽季結束後，三十四歲時便高掛球鞋。

　　雖然萊恩克是初代目 J 聯賽其中一名表現與名氣反差最大的球員之一，不過也因為他的到來，令世界知道名古屋八鯨這一支球隊，也算是有相當的貢獻。

　　離開日本後的萊恩克，因為有出色的口才及英俊的外表，回國後成為電視節目的球評，後來也成為英國最受歡迎的球評之一，多年來一直是英國廣播公司的王牌球評。

馬哥的搭檔成為 J 聯賽初代
得點王－迪亞斯（Ramon Diaz）

文：破風

　　J 聯賽歷年來都有不少國際知名球星加盟助拳，第一屆已經有齊哥（Zico）、萊恩克（Gary Lineker）和利特巴爾斯基（Pierre Littbarski）等巨星登陸。第一屆 J 聯賽獲得金靴獎的球員也是外援球星，不過不是以上那些曾經在世界盃閃耀的明星，而是來自阿根廷的迪亞斯（Ramon Diaz）。

　　當然迪亞斯其實也是國際級球星，而且還是球王馬拉度納的前搭檔，只是名氣沒有齊哥他們那麼大而已。他在 1979 年的時候已經跟馬哥一起為阿根廷贏得 U20 世界盃冠軍，1982 年世界盃決賽圈也跟馬球王一起為阿根廷比賽，還在對巴西一戰有進球。雖然之後迪亞斯沒有再為阿根廷隊上陣，他仍然在義甲聯賽成為其中一個進球能力最強的前鋒，曾經為拿坡里、佛倫提那和國際米蘭上場。直到 33 歲的時候，才接受了橫濱水手隊的邀請，成為 J 聯賽初創的其中一名國際級球星外援，就開始了跟日本的連結。

　　雖然已經不再年輕，迪亞斯在踏進 J 聯賽的舞台便已經證明自己仍然是球星級前鋒，他在 J 聯賽揭幕戰射進一球，協助橫濱水手隊反敗為勝，擊敗擁有三浦知良等日本球星的川崎綠茵隊。然後他在那一個賽季接連在對古河市原隊和浦和紅鑽隊兩場比賽都連中三元，成為第一個在 J 聯賽連續兩場大演帽子戲法的球員。後來他又在 12 月對橫濱飛翼隊一戰再次施展帽子戲法，結果他在這一個賽季踢了 32 場比賽就進了 28 球，奪得第一

屆 J 聯賽金靴獎，也獲選了最佳 11 人陣容，以行動證明自己比一眾世界盃巨星還要厲害。

迪亞斯在第二個 J 聯賽賽季仍然相當活躍，在 4 月對名古屋八鯨一戰再次連中三元，而他在整個賽季也進了 23 球，加上在聯賽盃也射進 3 球，整個賽季在各項比賽踢了 42 場比賽，進了 27 球，對於一個已經 35 歲的球員來說還是相當強勁！

到了 1995 年賽季，橫濱水手隊來了同樣是阿根廷人的索拉里（Jorge Solari）來擔任總教練，不過他和索拉里教練意見不合，所以被教練打進冷宮，在上半季只有 6 場上場機會，進了 1 球。於是迪亞斯忍無可忍之下索性決定提早解約離開，甚至就此退役。結果水手隊在這個賽季拿到 J 聯賽冠軍，可是迪亞斯錯失了跟球隊舉起獎盃的機會，確實是非常可惜。

迪亞斯退役後成為總教練，在南美洲和亞洲執教過很多球隊，可惜一直沒有跟日本球隊拉上關係。雖然他跟水手隊是不歡而散，不過在 2019 年水手隊再次拿到冠軍的時候，他也有在 Twitter 留言祝賀，算是跟水手隊冰釋前嫌吧。

日職出色援將

藍戰士唯一東歐智將－

阿連尼哥夫（Sergey Aleinikov）

文：破風

　　大阪飛腳在日職聯始創之時，曾起用大量來自東歐的國腳級外援，當中最著名的肯定是前蘇聯名將阿連尼哥夫（Sergey Aleinikov）。

　　阿連尼哥夫雖然司職防守中場，不過踢法相當全面。除了擁有蘇聯球員的強項，就是充沛體能和懂得適應戰術需要，組織進攻的能力也非常厲害。所以阿連尼哥夫能夠以主力球員身份，代表蘇聯出戰兩屆世界盃決賽圈，也協助蘇聯打進 1988 年歐洲盃決賽，甚至在譽為「小型世界盃」的義甲賽場，成為強隊尤文圖斯的主力成員。

　　在蘇聯瓦解之後，阿連尼哥夫改為代表祖國白俄羅斯，在 1992 年夏天離開義甲之後，他接受大阪飛腳的邀請，成為日職聯的開荒牛。雖然他在第一個賽季發揮不佳，也只有 15 次上場機會，還好適應之後在 1994 年賽季上場 35 次，射進六球。除了擅長把握機會後上取分，他的組織進攻能力，也在日職聯是超群。當時日本球場的草地素質很差，遇上大雨便成為泥濘一片，阿連尼哥夫也能以優異腳法克服場地問題，如常為隊友作出致命的傳送。

　　到了 1995 年賽季，阿連尼哥夫踢出在日本表現最佳的賽季，在 36 場聯賽射進 8 球，對於一名已經年屆 34 歲的防守中場球員來說，是相當理想的進攻數據。可惜這個賽季已經是他的最後探戈，在 1996 年賽季他雖

然還在大阪飛腳的陣中，不過完全沒有上場，到夏天還離開，結束在日本的三年多的踢球生涯。然後阿連尼哥夫去了瑞典踢了半年球，此後再回到義大利效力低級別聯賽球隊，在 1998 年正式退役。

　　退役之後，阿連尼哥夫在義大利和俄羅斯擔任一些低級別聯賽球隊或青年軍的教練，可是沒有什麼成績。2013 年，他以尤文圖斯傳奇隊球員身份回到日本，跟仙台維加塔進行慈善賽，是退役後少數與日本有關的聯繫。

日職首名世界冠軍成員－

利特巴爾斯基（Pierre Littbarski）

文：破風

　　日本職業聯賽成立接近三十年歷史中有數之不盡的外援球員進出，當中有世界盃冠軍獎牌的確實是屈指可數。在 1993 年加入市原 JEF 聯的前西德國腳利特巴爾斯基（Pierre Littbarski）便是 J 聯賽史上首名擁有世界盃冠軍資歷的外援。

　　利特巴爾斯基在 1982、1986 和 1990 年三屆世界盃決賽圈都是前西德的主力進攻球員，在 1982 和 1990 年兩屆決賽都有上場，在 1990 年終於達成世界盃冠軍的夢想後便退出國家隊。這名科隆名宿在 1992 年本來已經答允加盟浦和紅鑽，不過後來因事告吹。後來他卻成為市原 JEF 聯的球員，在首屆 J 聯賽便代表市原上場。其實在加入 J 聯賽之前，他從來沒有去過日本，對日本的認識也只限於來自日本的前隊友奧寺康彥。不過他應該也想不到日本成為他往後的足球生涯發展主要舞台。

　　雖然登陸日本的時候已經年屆 33 歲，而且市原在 J 聯賽之中實力沒那麼強，不過他畢竟是世界冠軍球員，所以在 35 場聯賽也能進 9 球。不過到了 1994 年賽季，他的狀態明顯下滑，加上跟監督不合，所以踢了 28 場比賽只進 1 球，賽季結束後索性宣布退役。休息了 1 年後，他再次成為球員，這次他加入了當時仍然在 JFL 業餘聯賽的仙台隊，在 1996 年賽季仍然能在 30 場比賽進 6 球。到了 1997 年，雖然他仍然在仙台隊，不過已經淡出，全年只踢了 7 場比賽沒有進球，當年他主力於進修教練課

程，於同年獲得日本足協發出的 S 級教練證書。賽季結束後，正式告別球員生涯。

利特巴爾斯基的教練生涯還是在日本展開，他在 1999 年成為剛誕生的橫濱 FC 監督，連續 2 個賽季率領球隊奪得 JFL 冠軍，成為球隊得以加入 J 聯賽的功臣。他也在 2001 年返回德國執教杜伊斯堡，可是成績不太理想。後來在執教生涯並沒有太多光輝事跡，在 2003 年再度返回橫濱 FC，可是因為成績不佳而離任，後來也成為福岡黃蜂的監督，也沒能為球隊帶來好成績。最後在 2010 年結束教練生涯，由於他在日本生活多年，已習得流利的日語，所以每逢有國際大賽開打的時候，他就會再次來到日本擔任球評，最近一次出演則是剛去年的歐洲盃決賽圈直播。

日職出色援將

威震日本的「鐵血」中場－
比斯馬克（Bismarck）

文：破風

這位球員的「鐵血」並非是說他的踢法，而是他的名字。他就是日本足球史上其中一名最厲害的外援比斯馬克（Bismarck）。

比斯馬克（Bismarck）的父親就是因為崇敬促成德國首次統一的「鐵血首相」俾斯麥（Otto von Bismark），而將這厲害的名字給了兒子。而這個兒子也不負父親期望，在 1989 年世青盃就獲得最佳球員獎，率領巴西拿到季軍，一年後還入選世界盃決賽圈大軍。雖然他的國腳生涯很短暫，不過在巴西也算是擁有相當知名度的進攻中場。所以當時希望積極打響 J 聯賽名堂的川崎綠茵隊，就在 1993 年把他羅致過來。

相比起萊恩克（Gary Lineker）和齊哥（Zico）等超級球星，比斯馬克在日本足壇的名氣稍有不及，可是在球場上的表現絕對是無可挑剔。他在川崎綠茵為三浦知良、瑠偉和武田修宏等人提供強大進攻支援，他自己也在適當時候進球，比如是 1993 年聯賽盃決賽、聯賽總決賽首回合和 1994 年聯賽盃決賽都有進球，協助川崎綠茵成為首兩屆 J 聯賽和聯賽盃雙冠王的重要成員。

可惜隨著川崎綠茵及後縮減投資，以及比斯馬克不滿會方對他的評價過低，因此他在 1996 年賽季後決定離開。在齊哥的邀請下，比斯馬克轉投鹿島鹿角，而且將 10 號球衣給他。比斯馬克也投桃報李，以優異表現協助鹿島拿下三次 J1 聯賽冠軍、兩次聯賽盃和兩次天皇盃

冠軍，當中 1998 年 J 聯賽總決賽還有進球，在 2000 年協助鹿島成為 J 聯賽史上首個「三冠王」。

比斯馬克在 2001 年賽季結束後離開鹿島，返回巴甲聯賽踢球。一年之後，他接受神戶勝利船邀請幫助保級，跟綠茵前隊友三浦知良故劍重逢。雖然那時他已經 34 歲，狀態不及當年，踢了 9 場聯賽都沒有進球，不過還是在這 9 場比賽助球隊拿到 15 分，得以完成任務，他也隨即宣布退役。

比斯馬克退役後回到巴西開設經紀人公司，後來也介紹了同樣來自巴西的前鋒米內羅（Alex Mineiro）加盟鹿島，在 2005 至 2006 年兩個賽季的 J1 聯賽有不錯的表現，也算是再次為鹿島建功立業。

日職出色援將

馬球王的森巴最佳搭檔-
卡雷卡（Careca）

文：破風

　　阿根廷球王馬拉度納的球員生涯中跟不少頂級前
鋒合作，除了大家比較熟悉的「難兄難弟」卡尼吉亞
（Claudio Caniggia），當中最重要的肯定是巴西前鋒卡
雷卡（Careca），這名一代巴西王牌中鋒在職業生涯末段
更登陸過日本聯賽。

　　技術和射術全面的卡雷卡在巴西甲級聯賽進球如
麻，先在 1978 年協助瓜拉尼（Guarani）贏取巴西甲級
聯賽冠軍，及後轉投聖保羅也在 1986 年協助球隊稱霸
巴甲，他也兩度當選巴西國內最佳球員。因此他在 1980
年代是巴西國家隊的首席前鋒，他也獲球評家公認是巴
西史上其中一名最佳前鋒。到了 1987 年，轉投拿坡里，
成為馬拉度納在前鋒線的最強助手，跟「馬哥」一起奪
得 1988-89 年賽季的歐足聯盃冠軍，一年後更協助拿坡
里贏得義甲和義大利超級盃冠軍。在巴西國家隊方面，
是 1986 年和 1990 年兩屆世界盃決賽圈的主力前鋒，其
中在 1986 年一屆更以 5 個進球成為賽事射手榜第二名。

　　到了 1993 年，當時已經年屆 33 歲的卡雷卡在巴西
籍教練塞爾吉奧（Ze Sergio）的邀請下，離開拿坡里加
入當時仍然在業餘聯賽的柏雷素爾。他後來回憶說剛到
柏市的時候，隊友們根本沒有職業球員的意識，所以跟
教練努力協助隊友成為職業球員。後來柏雷素爾在這一
年的聯賽盃接連擊敗 J 聯賽球隊打進四強，說服卡雷卡
願意在 1994 年繼續留效參與業餘的 JFL 聯賽。卡雷卡
在 1994 年的 JFL 火力全開進了 19 球，協助柏雷素爾拿

到亞軍，並因此在 1995 年成功加入 J 聯賽。而且雖然柏雷素爾還是 JFL 球隊，他也獲 J 聯賽邀請參與東西明星賽，並為東部明星隊射進一球。

卡雷卡終於在 1995 年踏上 J 聯賽的舞台，並於首循環聯賽第六節對名古屋八鯨射進首個 J 聯賽進球。可惜這時候他已經飽受傷患困擾，整個賽季 52 場聯賽只踢了 30 場，射進 10 球，協助柏雷素爾在次循環聯賽拿到第五名。不過在 1996 年賽季，他因為傷患問題只踢了 5 場聯賽射進 2 球，所以在賽季後決定離開回到巴西聯賽。在 1995 和 1996 年都獲選參與東西明星賽，可是 1996 年一屆因為受傷而沒參賽。他回到巴西後也沒有很多上陣機會，在 1998 年再次回到日本，參與日本傳奇球星瑠偉的告別賽。

最終卡雷卡在 1999 年退役，現在於巴西擔任足球電視節目的球評。

日職出色援將

與冠軍擦肩的性格巨星－

阿利辛度（Alcindo Sartori）

文：破風

阿利辛度（Alcindo Sartori）和同樣來自巴西的比斯馬克（Bismarck），可說是 J 聯賽開創時期其中兩名最重要的外援鋒將。他倆同樣踢過鹿島鹿角和川崎綠茵，可是軌跡剛好相反。相比於比斯馬克先後協助川崎和鹿島成為王者，進球更多的阿利辛度反其道而行，於是跟冠軍擦肩而過。

阿利辛度在國家隊的際遇沒參與世界盃決賽圈的比斯馬克那麼厲害，不過也在 1987 年的世青盃決賽圈為巴西射進兩球。在 1993 年登陸日本加盟鹿島鹿角之前，阿利辛度其實是中場球員，所以就算進球率不高，也是在巴甲相當有名的球員。原本鹿島也是希望補充左路球員調配才引進他，不過他到了日本後卻被安排踢前鋒。由於技術出眾又有速度，所以他在日本成為高效射手，效力鹿島兩個賽季合共射進 50 球。

可惜在 1994 年賽季完結後，當阿利辛度希望跟鹿島續約時，卻因為合約條件談不攏，令他決定轉投兩屆 J 聯賽冠軍川崎綠茵，在 1995 年便為球隊射進 19 球，只是川崎輸給橫濱水手失落聯賽冠軍。阿利辛度希望獲得加薪卻不果，於是只踢了一個賽季便離開，然後作出加盟當時還在業餘性質的日本足球聯賽的札幌岡薩多的意外決定。

轉投札幌對於阿利辛度來說是球員生涯的轉捩點，他在日本足球聯賽找不到以往的狀態，反而是在場上多

次大罵裁判是「バカ」而遭到重罰，而且不止一次被逐離場。於是他只在札幌踢了 5 場比賽，進了 1 球，半年不到就決定離開日本返回巴西，可惜也在巴甲賽場找不到射門鞋。於是川崎綠茵在 1997 年邀請他再次加盟，這次他踢了 16 場聯賽，射進 10 球，個人成績還算是不錯，但川崎綠茵當時已非爭冠球隊，所以在日本始終沒能贏得錦標。一個賽季後阿利辛度再次離開日本，回巴西多踢三年後退役。

阿利辛度此後跟日本的緣份在兒子伊戈（Igor Sartori）身上延續下去。伊戈在 2011 年成為鹿島的球員，成就了鹿島史上首個父子兵組合。可惜伊戈的足球天份跟父親相差太遠，在鹿島待了一年只有兩次上場機會，然後就無法留在球隊了。伊戈返回巴西發展也不順利，後來到了香港才獲得球員生涯高峰。他在 2022 年再次獲得在日本踢球的機會，八月以自由身加盟 J2 聯賽球隊甲府風林，可是半個賽季只有 5 次上場機會，就算球會史上首次拿到天皇盃冠軍，在決賽列進大名單，也沒有上場機會，賽季結束後也被放棄，只能回到香港延續球員生涯。

日職出色援將

J 聯賽初代目米格步槍－
普羅塔索夫（Oleg Protassov）

文：破風

　　J 聯賽始創階段吸引不少來自世界不同地區的球星參賽，來自烏克蘭的前蘇聯名將普羅塔索夫（Oleg Protassov），可說是 J 聯賽初期的第一東歐步槍。

　　普羅塔索夫曾經為蘇聯出戰兩屆世界盃決賽圈，而且是 1988 年蘇聯打進歐洲盃決賽的主力成員。在蘇聯解體和征戰希臘聯賽之後，這名高大中鋒就在 1994 年接受大阪飛腳邀請，跟阿連尼哥夫（Sergei Aleinikov）和茨維巴（Akhrik Tsveiba）組成前蘇聯外援三人組。雖然當時的飛腳隊成績不佳，不過普羅塔索夫仍然保持相當不錯的進球率，在第一個賽季射進 11 個聯賽進球，而且還在天皇盃射進 4 球，協助球隊打進四強。

　　到了 1995 年賽季，普羅塔索夫仍然是飛腳隊相當重要的進攻泉源，他跟前荷蘭國腳吉爾豪斯（Hans Gillhaus）合作無間，在 28 場聯賽射進 13 球，包括在 6 月對清水心跳一戰連中三元，令普羅塔索夫成為飛腳隊首名大演帽子戲法的外援球員。可惜賽季結束後，他決定回到希臘踢球，然後在 1999 年 35 歲的時候結束球員生涯。

　　退役之後，P 普羅塔索夫在希臘、塞普勒斯、羅馬尼亞、俄羅斯、白俄羅斯等多個東歐國家擔任頂級聯賽球隊總教練，當中包括在 2014 至 15 年短暫擔任羅馬尼亞球隊 Astra Giurgiu 的總教練，該隊當時有日本球員瀨戶貴幸在陣。後來他回到祖國烏克蘭擔任足協副會長，當俄烏戰爭爆發時，他還特地跟飛腳隊報平安，讓飛腳隊與烏克蘭和他本人再次連成一線。

在東洋重生的世界盃神射手－
斯基拉奇（Salvatore Schillaci）

文：破風

　　磐田山葉雖然近年只能在 J1 聯賽和 J2 聯賽之間游走，不過在 1990 年代曾經是 J 聯賽的錦標爭奪球隊。這支位於山葉集團根據地磐田市的球隊在 1994 年加入 J 聯賽後，第一個羅致的重量級球星便是義大利射手斯基拉奇（Salvatore Schillaci）。

　　斯基拉奇可說是為 1990 年世界盃決賽圈而生的球星，他在 1989 年才首次征戰義甲聯賽，一年後便入選義大利參與世界盃決賽圈的大軍名單，並在機緣巧合之下成為義大利主力前鋒，進了 6 球協助球隊成為季軍。

　　可是在這一屆世界盃之後，卻完全失去光芒，國家隊生涯只有 1 年光景便匆匆結束。到了 1994 年世界盃決賽圈，當以往搭檔巴治歐（Roberto Baggio）率領義大利打進決賽的時候，年僅 30 歲的斯基拉奇卻已經接受了磐田山葉的邀請登陸日本足壇。

　　幸好他在日本總算回復昔日的神勇，首賽季 18 場聯賽進了 9 球，翌年在世界盃冠軍成員鄧加（Dunga）的加盟和協助下，進了 31 球，可惜在最後關頭受傷缺陣，才被浦和紅鑽名將福田正博超越無緣取得金靴獎。可是到了 1996 年，斯基拉奇已經因為傷患困擾，上場次數大幅下降，不過還是能在 23 場聯賽進了 15 球，及至 1997 年賽季只是踢了 3 場賽事便受不了回國治療傷勢，可惜始終無法再回到綠茵場。

　　斯基拉奇在 34 歲高掛球鞋，磐田成為他的職業生涯末站，也為他的流星般經歷劃上算是圓滿的句點。

來自巴西的鹿島貴公子－
萊昂納度（Leonardo）

文：破風

　　日本職業聯賽在創初的時候找來不少昔日在世界足壇叱吒風雲的年老球星打響名堂，不過來自巴西的萊昂納度（Leonardo）卻是例外。萊昂納度卻是在協助巴西拿到世界盃之後到日本踢球，而且那時只有 25 歲，可以說是把球員生涯最光輝的時候送給日本人。

　　萊昂納度在 1994 年世界盃決賽圈是巴西的主力球員，不過在高手林立的隊伍中，本來是中場球員的他卻被安排擔任左後衛，而且在十六強賽以手肘擊打對手拿了紅牌，還要被國際足聯追加禁賽四場，令他在決賽沒能為巴西上場。幸好巴西最終拿到冠軍，萊昂納度也有一定功勞。

　　在 1994 年世界盃後，萊昂納度獲得巴塞隆納和 AC米蘭等歐洲豪門球隊的邀請，不過這些邀請都無法跟自己的偶像齊哥（Zico）相比。在這名號稱「白貝利」的前巴西國腳邀請下，萊昂納度放棄一登龍門，反而在盛年到了當時還是水平沒那麼高的日本聯賽發展事業。

　　萊昂納度在鹿島鹿角繼承了剛退役的齊哥，穿上 10號球衣在進攻中場位置為鹿島製造一個又一個的進球，在踢完世界盃兩個月後，他便在對川崎讀賣的比賽取得在鹿島的首個進球，在半年間踢了 9 場比賽已經進了 7球。

　　到了 1995 年賽季，萊昂納度更展現他的球技確實是遠遠超過日本聯賽的水平。他在這一賽季踢了 28 場

比賽進了 17 球，平均不需要兩場比賽便進了 1 球。而在 1995 年 11 月對橫濱飛翼的比賽中，萊昂納度在對手禁區前拿到球後，立即有幾個對手一起上前想搶他的腳下球，他卻來一個 180 度轉身，同時連續把皮球挑高五次後，球卻反彈上來便立刻射門，並且進球，難度超高的，這個進球在 2013 年舉行的 J 聯賽二十周年獎項選舉中當選最佳進球。

到了 1996 年，萊昂納度還是保持非常高的水準，在 22 場比賽進了 11 球。不過他始終是屬於世界最高水平的球員，所以在 1996 年夏天獲得巴黎聖日耳曼的邀請，這時齊哥反而勸他為了前途應該離開鹿島，偶像的建議又怎麼能拒絕呢？

因此他在 1996 年夏天離開日本到了歐洲，並代表巴西出戰 1998 年世界盃決賽圈，直到 2003 年才結束球員生涯。在 1999 年的時候，他跟義大利名將巴治歐（Roberto Baggio）一起回到日本，以特邀球員身份出戰明星賽，這名俊朗的王子再一次以球技折服日本人。

萊昂納度退役後成為巴黎聖日耳曼、AC 米蘭和國際米蘭的管理層成員，並一度成為總教練。在 2011 年的時候，他便將日本國腳長友佑都從切塞納帶到國際米蘭，與長友佑都共事半年，可說是長友佑都在職業生涯的重要推手。

日職出色援將

唯獨你是不可取替

巴爾幹馬拉度納－斯托伊科維奇

（Dragan Stojkovic）

文：破風

　　上世紀九十年代，南斯拉夫解體前實屬歐洲勁旅，坐擁多位天才橫溢的球星，被譽為「巴爾幹馬拉度納」斯托伊科維奇（Dragan Stojkovic）是其中之一，他更在狀態最佳之年登陸日職，改寫了名古屋八鯨的歷史，留下了輝煌足印。

　　斯托伊科維奇僅僅 18 歲就升上一線隊，1986 年夏天加盟貝爾格勒紅星，首個賽季已經擔任領袖角色，曾經攻破當時所向披靡的 AC 米蘭大門，也在德比戰對貝爾格勒遊擊隊角球直接進球，更在 1990 年世界盃對西班牙踢進遠程炮，金球至今為人津津樂道。

　　這名傳統 10 號腳法細膩，傳送獨到，打法令人賞心悅目，曾代表前南斯拉夫上陣 84 場，參加過兩次歐洲盃和世界盃，國際賽最佳成績是 1984 年奧運會，為國奪得一枚銅牌。1990 年，他由紅星隊轉戰法甲的馬賽，惟飽受傷病煎熬，遂於 1994 年加盟名古屋八鯨，成為日職首批國際級巨星。

　　1994 年 8 月 10 日，斯托伊科維奇上演處子作，但好景不常，3 分鐘內被罰兩面黃牌，未夠 20 分鐘就被驅逐離場。約一個月，這位球場魔術師安頓下來，開始「施法」，面對千葉市原射自由球破門，取得日職首個進球。翌年，前阿森納主帥溫格（Arsene Wenger）掌舵，他的事業更上一層樓，不僅單季踢進 15 球，更當選年度最佳球員，並入選年度最佳陣容。

「巴爾幹馬拉度納」在日本足壇呼風喚雨，分別再在 1996 年和 1999 年獲得年度最佳球員，並在 2013 年入選日職二十周年史上最佳陣容，成為唯一一位外援。2001 年夏天，他在職業生涯最後一戰，補時最後一刻操刀十二碼中鵠，奠定勝局，為七年生涯劃上圓滿包號。

「我曾經師從溫格，度過了很多美好時光，一世難忘。」他在退役七年後重返英雄地，擔任名古屋八鯨總教練，多少是受到恩師啟蒙，「之後幾乎每年，我都會造訪倫敦觀看阿森納的比賽，也非常欣賞他們的風格和精神。溫格告訴我名古屋精神是甚麼，後來球隊也保持這種精神奮戰下去。」

斯托伊科維奇任教名古屋五年，2010 年奪得隊史首個日職冠軍，也榮膺年度最佳總教練，成就可比肩球員時代。日本人會親暱地稱他為「Piksi」，他在日職擁有超然地位，名古屋有街道以其名字冠名，主場館有「他的看台」，甚至著名汽車生產商 Toyota 曾出產 Pixis 型號的汽車。

最後一提，由離開名古屋到舊地重遊，中間「消失的七年」，他到底做了甚麼？難道只是享受人生？不，愛國的斯托伊科維奇掛靴後就重返前南拉斯夫，擔任足總主席，直到 2005 年 7 月成為紅星隊主席，期間球隊像被「施法」一度進入中興期，兩次榮膺雙冠王，有份征戰歐協盃分組賽（即今日歐洲聯賽），目前則為塞爾維亞國家隊主帥。

將最好獻予日本的巴西國腳－
桑帕伊奧（Cesar Sampaio）

文：破風

　　J 聯賽曾經吸引不少已過高峰的世界級名將來效，當然也有少數球星是在國家隊身居要職之時參與 J 聯賽。如果要數誰是把職業生涯最高峰時期留在日本的世界級球星，桑帕伊奧（Cesar Sampaio）肯定是代表人物。

　　桑帕伊奧到日本踢球前，已經是巴西相當有名的球員，雖然沒能參與 1994 年世界盃決賽圈，也曾經兩次獲得年度最佳球員的巴西金球獎。1994 年世界盃之後巴西隊重組，桑帕伊奧開始與鄧加（Dunga）成為森巴兵團的中場黃金組合，卻就在這時候，他沒有選擇到歐洲踢球，反而跟另外兩名帕梅拉斯隊友津尼奧（Zinho）和艾巴爾（Evair），在 1995 年 1 月轉投橫濱飛翼。

　　相比起曾經協助巴西拿到 1994 年世界盃的津尼奧，以及成為橫濱飛翼主力射手的艾巴爾，司職防守中場的桑帕伊奧踢法沒有那麼耀眼，不過就是倚靠他和隊長山口素弘組成攻守兼備的中場線，令橫濱飛翼不讓同市的水手隊專美。當艾巴爾和津尼奧接連離開之後，桑帕伊奧仍然是飛翼隊和巴西國家隊的中流砥柱。

　　可惜在 1998 年 10 月，飛翼隊因為母公司無法再注資，而宣布與水手隊合併，桑帕伊奧也跟隊友們上街請願，希望飛翼隊能留下，可惜飛翼隊還是救不回。還好桑帕伊奧協助飛翼隊拿到 1998 年天皇盃，讓球隊在解散前最後一戰有個圓滿結局。

　　飛翼隊解散後，桑帕伊奧回到帕梅拉斯，同年協助球隊拿到南美自由盃，得以在年末回到日本參與洲際盃，可惜輸給曼聯無緣奪冠。此後桑帕伊奧在 2002 年再臨日本加盟柏雷素爾，一年後轉投降落 J2 聯賽的廣島三箭，協助球隊重返 J1 聯賽，並於 2004 年再戰 J1 聯賽，可惜當時已經 36 歲的他活力不復當年，準備在夏天提早退役轉任球隊職員，卻因為獲得巴甲豪門聖保羅的聘約而作罷，回到巴西再踢半年才正式結束球員生涯。

日職出色援將

帶領紅鑽成功的巨塔－
布赫瓦爾德（Guido Buchwald）

文：破風

近年有不少日本球員都在德甲取得成功，不過日本球隊卻羅致德國球員不多，曾協助西德奪得 1990 年世界盃的鐵衛布赫瓦爾德（Guido Buchwald）是鳳毛麟角。連馬拉度納都能夠牽制得宜的布赫瓦爾德，在 1994 年世界盃決賽圈後退出德國隊，並接受浦和紅鑽邀請登陸日本。

雖然加盟的時候已經年屆 33 歲，不過應付還在起步階段的日本足球還是綽綽有餘，將浦和從 J 聯賽開始時的弱旅拉起成為有競爭能力的球隊。在他鎮守後防之下，浦和在 1995 和 1996 年分別拿到第 4 和第 6 名。

布赫瓦爾德在日本的三年半間上場 157 次射進 11 球，在 1997 年賽季完結後返回德國結束球員生涯。

布赫瓦爾德退役後在 2004 年重返浦和成為監督，連續 2 個賽季率領球隊拿到聯賽亞軍，而且在 2006 年率領浦和首度奪得聯賽冠軍，及後還成功衛冕天皇盃，此時他決定功成身退。

兩年後布赫瓦爾德再次回到浦和，不過這次是擔任技術總監，可惜很快便因為與領導層就新監督任命人選弄至不歡而散。幸好布赫瓦爾德後來跟浦和冰釋前嫌，在浦和的元老賽和前隊友山田暢久的退役賽也有回來參賽。

捷克全能戰士－
哈謝克（Ivan Hasek）

文：破風

　　捷克在剛結束的歐洲盃獲得不錯的成績和口碑，這個盛傳足球全能戰士的國度，也曾經有名將在 J 聯賽活躍，這是曾經以隊長身份率領捷克斯洛伐克打進 1990 年世界盃八強賽的 Ivan Hasek。

　　Ivan Hasek 本身是司職防守中場，不過跟知名的後輩 Pavel Nedved 一樣，除了守門員外幾乎所有位置都能勝任。他在捷克隊時踢的是防守中場，不過在 1994 年加盟廣島三箭後卻成為以進球為主的前鋒，他與高大的日本國腳高木琢也組成紫色前鋒組合，而且在現任日本隊監督森保一等人協助下，首賽季便進了 19 球，是球隊獲得當賽季首循環冠軍的主要功臣，也成為廣島史上進球單賽季進球最多的球員，這紀錄保存了十八年才由後輩佐藤壽人打破。

　　到了第 2 個賽季，Ivan Hasek 也能進 11 球。到了 1996 年，Hasek 轉投古河市原，雖然沒有踢滿整個賽季便回老家的布拉格斯巴達終老，不過也在 43 場比賽進了 18 球，成為 J 聯賽初期其中一名東歐老將的代表。

　　Hasek 退役後轉任總教練，他在 2004 年獲神戶勝利船邀請擔任監督，可是球隊成績不佳，執教了 23 場比賽只贏了 5 場，而且據說不滿球會兼日本樂天集團主席的三木谷浩史過度干預球隊運作，導致雙方關係破裂，所以只執教了 1 個賽季便離開，至今也沒有再回到日本足壇。不過 Hasek 對日本文化相當喜歡，甚至在捷克老家經營日本拉麵店，在歐洲分享日本美食。

也踢過日職的馬拉度納

（Hugo Maradona）

文：破風

　　沒錯，「馬哥」確實是曾經在 J 聯賽效力，不過這個馬哥不是大家熟悉的球王馬拉度納，而是他的弟弟雨果・馬拉度納（Hugo Maradona）。

　　雨果・馬拉度納在身材、樣貌和髮型上跟哥哥很相似，可惜他的球技比球王差太多，無論在阿根廷、義大利、西班牙、奧地利、烏拉圭甚至是委內瑞拉聯賽都沒能發亮。不過他還是有一定能力的，而且仗著哥哥的威名，所以他在 1992 年的時候獲日本業餘聯賽球隊 PJM 垂青。

　　雨果・馬拉度納在日本可說是「昇格請負人」，在他的協助之下，PJM 在 3 年間連跳兩級成為當時是次級聯賽的 JFL 聯賽。

　　雨果・馬拉度納在 1995 年轉投福岡隊，在 JFL 聯賽踢了 27 場比賽竟然射進 27 球，成為球隊成功加入 J 聯賽的功臣。在福岡黃蜂加入職業聯賽的首個賽季，雨果・馬拉度納也射進 7 球。

　　及後他轉戰札幌隊，也協助札幌在 JFL 聯賽取得足以加入 J 聯賽的好成績。不過他在 1998 年為札幌踢完首個 J 聯賽賽季後便返回阿根廷，還沒到 30 歲便退役了。雖然雨果・馬拉度納沒能跟哥哥一樣成為世界級球星，不過在福岡黃蜂和札幌岡薩多的球迷心目中是不可或缺的傳奇人物。

世界冠軍後衛踢中場也行－
約爾金霍（Jorginho）

文：破風

　　巴西貴為足球王國，他們出產的世界級球星球技水平，當然是日本球員難以企及。所以當 J 聯賽創立初期邀請到巴西國腳加盟的話，這些巴西球星都能夠展現超群實力，就算是後衛改踢進攻中場也不是問題。協助巴西拿到 1994 年世界盃的約爾金霍（Jorginho），就是當中的出眾例子。

　　約爾金霍可說是巴西史上最強的右後衛之一，在職業生涯黃金時代無論是踢巴西聯賽，還是在德甲豪門拜仁慕尼黑，都是當仁不讓的右邊攻守核心。約爾金霍在國際賽的成就更厲害，先是在 1983 年協助巴西贏得世青盃，再於 1988 年率領巴西拿到奧運足球項目銀牌。世界盃就更不用說了，先是在 1990 年踢滿三場分組賽和十六強賽，而且在 1994 年世界盃 7 場比賽都是正選右後衛，是巴西第四次奪得世界盃的功臣，連傳奇球星卡富（Cafu）也只是他的替補，在兩場淘汰賽也只是替補上場踢左後衛。可惜在決賽他很早就受傷離場，才正式由卡富接替他的位置。

　　在世界盃奪冠後，約爾金霍在拜仁慕尼黑卻失了位置，於是在「白貝利」齊哥（Zico）的邀請下，他決定加盟鹿島鹿角。由於約爾金霍仍然擁有世界頂級的助攻能力，所以一直司職右後衛的他，有時候也擔任進攻中場。同時他也擁有相當不錯的射門能力，所以在第二場對廣島三箭的比賽就有進球，在日本的第一個賽季合共射進 8 個聯賽進球。在 1996 年賽季，雖然只有兩個進球，他

卻以數之不盡的助攻協助鹿島贏得首次聯賽冠軍，於是獲選當年的 J 聯賽最佳球員獎。

到了 1997 年賽季，約爾金霍在兩項盃賽大發神威，先是在十二場聯賽盃比賽射進 7 球，包括四強首回合對名古屋八鯨，以及決賽首回合對磐田山葉兩場比賽，都以進球協助球隊取勝，成為球隊拿到冠軍的最大功臣。然後在年末的天皇盃比賽射進 4 球，包括在四強對東京瓦斯（FC 東京前身）射進 1 球，助球隊成為雙冠王。約爾金霍在 1998 年賽季結束後返回巴西，在日本踢了四個賽季協助鹿島拿到兩個聯賽冠軍，以及 1997 年的兩項盃賽錦標，在 140 場正式比賽射進 31 球。

約爾金霍回到巴西後，在 2000 年代表瓦斯科達伽馬參與第一屆俱樂部世界盃。在 2003 年退役後，約爾金霍轉任教練，除了執教巴甲球隊，也在巴西國家隊擔任助教。到了 2012 年，他回到鹿島擔任總教練，率領球隊在決賽擊敗清水心跳拿到聯賽盃，在駿河銀行盃跟南美球會盃冠軍智利大學隊打平，最終互射十二碼擊敗對手，第一次拿到冠軍。同時約爾金霍也率領鹿島打進天皇盃四強，可惜輸給大阪飛腳無緣決賽。只是他率領鹿島在那一年的聯賽首五場比賽只得 1 和 4 負，後來雖然追回不少分數，最終在只得第十一名，所以賽季結束後也離開球隊，再次回到巴西繼續教練生涯。

日職出色援將

為鹿島奠下王者地位的馬哥－
馬辛尼奧（Mazinho Oliveira）

文：破風

由於擁有「白貝利」齊哥（Zico）這枚王牌，所以鹿島鹿角從 J 聯賽開創就已經是最能吸引巴西國腳加入的日本球隊，甚至世界盃冠軍成員也選擇來投，從而建立鹿島王者地位。只是相比起名氣很大的世界盃冠軍成員，馬辛尼奧（Mazinho Oliveira）才是為鹿島打下王者基礎的重要一員。

在這裡要先跟大家說清楚，這個馬辛尼奧並非在 1994 年世界盃八強賽跟貝貝托（Bebeto）一起作經典抱子慶祝動作的那位馬辛尼奧。當然馬辛尼奧也曾經是巴西國腳，還在 1991 年美洲盃為巴西射進兩球，甚至去過拜仁慕尼黑踢球。可是他始終並非巴西最頂級的球員，所以踢完 1991 年美洲盃之後就沒有再為巴西上陣。

在齊哥的邀請下，在巴甲踢得還不錯的馬辛尼奧在 1995 年夏天來到鹿島，成為鹿島隊的高效射手。他在第一場為鹿島上場就進球，協助球隊擊敗柏雷素爾。然後在 1996 年以 11 個進球，協助鹿島拿到第一次 J 聯賽冠軍。1997 年的聯賽盃決賽，馬辛尼奧在兩個回合共進 3 球，成為鹿島以總比分 7：2，首次奪得聯賽盃的首席功臣。而且在同年的天皇盃八強、四強和決賽都進球，助鹿島史上首次拿到天皇盃，也是球會史上的首次雙冠。他在 1997 年賽季射進 22 個聯賽進球，連同盃賽更是累計 35 球，是他職業生涯進球最多的賽季。

可惜此後馬辛尼奧的狀態明顯下滑，在 1998 年 J 聯賽只進 9 球，於是開始淡出鹿島隊的主力陣容。在 1999

年賽季結束後，正式被鹿島放棄。他選擇留在日本，加盟在 2000 年首次升上 J1 聯賽的川崎前鋒，還獲得 10 號球衣。只是那時已經 34 歲的馬辛尼奧表現不符眾望，整個賽季只踢了八場聯賽，進了 1 球。賽季結束後，便離開日本回到巴西，雖然加入巴乙球隊布拉甘蒂諾（Bragantino），可是整年都沒踢比賽，結果在 35 歲時就退役。

日職出色援將

清水心跳的世界盃冠軍射手－
馬薩羅（Daniele Massaro）

文：破風

　　日本職業足球在 1990 年代創立之時，對義大利足球相當崇拜，於是有球隊邀請義大利國腳成為明星外援，曾於世界盃決賽圈進球的馬薩羅（Daniele Massaro）便是其中一人。

　　馬薩羅的職業生涯起步點很高，20 歲的時候從小球隊蒙扎轉投佛倫提那，在首個賽季踢了 29 場義甲聯賽只進 1 球，卻入選了 1982 年義大利出戰世界盃決賽圈大軍，雖然沒有上場機會，卻也拿到世界盃冠軍獎牌。只是馬薩羅在此後五年間只踢了 6 場國際賽，每個賽季只有數個進球。就算之後轉投 AC 米蘭，為球隊奪得四次聯賽冠軍、兩次歐冠錦標和兩次洲際盃冠軍，是「米蘭王朝」的一員，他也不是球隊最耀眼的球星，每個賽季的進球量都很少。

　　直到 1993-94 年賽季他大爆發進了 11 球，令曾經擔任米蘭主帥的義大利國家隊總教練薩基（Arrigo Sacchi），把這名當時已經年屆 33 歲，已經沒入選國家隊九年的老將重召進 1994 年世界盃決賽圈大軍名單，而且踢了 6 場比賽，並在對墨西哥的分組賽進了他自己在國際賽的唯一進球，協助義大利艱苦地在分組賽晉級，從而最終成為亞軍。這個唯一進球也令他以 33 歲 36 日之齡，成為義大利在世界盃決賽圈最年長進球球員。

　　1994 年世界盃後，馬薩羅再沒有入選義大利國家隊，他也跟米蘭一起步向衰落，在 1994-95 年賽季只進

3 球。於是在 1995 年夏天離開米蘭，當時同市的國際米蘭願意拿出雙倍薪金簽下他，不過他沒有接受，反而決定轉戰日本聯賽加入清水心跳。雖然不再年輕，應付日本聯賽還是有能力的，所以在一個月內便進了 3 球。可惜他踢了 9 場聯賽之後便因為受傷缺席賽季餘下賽事，結果半個賽季踢了 9 場比賽，進了 3 球。

到了 1996 年賽季，馬薩羅的開局不錯，在 4 月對平塚比馬的賽事大演帽子戲法，協助清水心跳以 5：1 大勝。不過在阿根廷籍教練阿迪列斯（Ossie Ardiles）擔任清水總教練後，他便不受重用，結果在 1996 年賽季只踢了 11 場聯賽，進了 7 球，以及在聯賽盃踢了 5 場，進了 1 球，清水心跳在當年的聯賽盃成為冠軍，雖然他沒有在決賽上場，仍然算是為球隊奪冠作出貢獻，這也是他的職業生涯最後一項錦標。1996 年賽季結束後，馬薩羅離隊並宣布退役。

退役後轉戰沙灘足球，為義大利沙足隊出戰，並熱衷於參與高球和拉力賽，更兩度出戰世界拉力賽。後來他加入前米蘭班主貝盧斯科尼的義大利力量黨，並代表該黨參與 2016 年米蘭市議會議員選舉，可惜落選無緣從政。

日職出色援將

遲暮的丹麥王子－

麥可・勞德魯普（Michael Laudrup）

文：破風

　　神戶勝利船隊長伊涅斯塔（Andres Iniesta）是最近日本聯賽最著名而且是薪金最昂貴的球星，從來不缺錢的神戶在加入 J 聯賽之前便有世界級球星加入。當麥可‧勞德魯普（Michael Laudrup）還是丹麥國家隊隊長的時候，便已經加入仍然在業餘聯賽爭取成為 J 聯賽球隊的神戶勝利船。

　　在 1996 年夏天，麥可‧勞德魯普離開征戰多年的西班牙足壇，卻意外地加入只是次級聯賽球隊的神戶，當時他只有 32 歲。也許是因為他很早便出道，所以縱然年齡不大，在神戶卻沒有發揮外界預期的耀眼表現。加上當時他還是丹麥隊的主力前鋒，需要從日本飛返歐洲參與世界盃資格賽，所以在 1996 年賽季只是踢了 12 場聯賽進了 5 球，當然他也算是球隊在 1997 年升上 J 聯賽的功臣。

　　麥可‧勞德魯普在 1997 年繼續留隊，成為神戶在 J 聯賽歷史上首名世界級球星。可是他在 J 聯賽只是踢了 3 場賽事，到了第 3 場對橫濱飛翼的比賽的第 16 分鐘便因傷退場，此後便沒有再為球隊上場。直到夏天的時候，當以往的國家隊隊長，當時接任為阿賈克斯總教練的奧爾森（Morten Olsen）向麥可‧勞德魯普招手，他便選擇離開神戶返回歐洲足壇，結果只有 1 年左右的日本足球之旅，在日本合共只踢了 24 場比賽，射進 8 球。不過他在神戶球迷心目中還是有一席之地。

無人能敵的非洲黑豹－
姆博馬（Patrick Mboma）

文：破風

J 聯賽球隊喜歡聘請巴西外援，歐洲外援也不在少數，不過姆博馬（Patrick Mboma）便是為非洲球員在 J 聯賽打響名堂的先驅。這名身材高大卻速度很快的前鋒同時擁有驚人射術和不俗的腳法，故此在 1997 年從法國巴黎聖日耳曼轉戰 J 聯賽後，成為在日本幾乎無人能阻的大殺傷力武器，28 場聯賽竟然進了 25 球，故此被日本人稱為「浪速的黑豹」。

姆博馬在 J 聯賽的良好狀態令他成為喀麥隆國家隊征戰 1998 年世界盃決賽圈的主力前鋒，更在決賽圈對智利取得進球，而在世界盃後，姆博馬也返回應該屬於他的歐洲賽場。

在義甲征戰四個賽季，並短暫參與英超和中東聯賽後，姆博馬在 2003 年重返 J 聯賽加盟東京綠茵，雖然當時他已經報稱是 33 歲，卻也在 23 場聯賽射進 13 球。可是依靠身體素質雄霸賽場的他，在職業生涯晚期因為體力衰退以及膝部舊患影響，在最後兩個賽季上場時間大幅減少，2004 年夏天轉戰神戶勝利船後只進 2 球，並於翌年結束球員生涯。當然在日本球迷心目中，姆博馬肯定是無敵前鋒的代名詞，而且更是 J 聯賽成功造星的代表。

耀眼的鋼鐵意志－
洪明甫

文：凱爾文

　　1997 年 9 月 28 號的日本國立競技場，日本與韓國在世界盃資格賽的關鍵大戰。這場精彩並留名青史的大戰中，雙方陣中各自的指標性球星命中註定的成為比賽焦點。都在 J 聯盟平塚比馬踢球的洪明甫與中田英壽這兩位隊友成為各自球隊比賽中的靈魂人物。以洪明甫為首的韓國隊透過更多激烈的身體對抗去限制日本隊的盤帶與傳球滲透，而 20 歲的中田英壽超強的身體對抗持球能力成為日本隊場上最閃耀的球星。這兩位各自國家的代表性球員也在當時被視為亞洲最好的後衛與中場，同時效力平塚比馬大約一年的時間，成為後來令球迷津津樂道的話題。

　　1997 年的季中，韓國浦頂鋼鐵的招牌球星，韓國國家隊王牌中後衛－洪明甫加入 J 聯盟的平塚比馬，引起了相當大的關注，除了隊上已經擁有中田英壽、呂比須等日本頂級球星外，在此之前洪明甫一直盛傳是歐洲幾支強隊的補強目標，而他最終選擇日本作為他旅外的挑戰目標。早在 1994 年時，洪明甫優異的能力就已經受到日本球隊的青睞，邀請其加盟，不過由於日韓歷史上的恩怨情仇阻擋了他的旅外之路，韓國足協極力反對他加盟日本球隊。一直到了 1997 年，由於日韓確定攜手主辦 2002 年世界盃的關係，兩國緊張對立的關係才有所改善，也才促成了洪明甫成功轉戰日本 J 聯盟。

　　由於洪明甫在韓國與浦頂鋼鐵主要是擔任三中衛陣型中間後衛的角色，不過來到平塚比馬後，由於隊上

陣型主打四後衛，洪明甫遇到了適應上的困難，因此在平塚一年半的時間，雖然他仍然坐穩不動的主力，為隊上立下不少汗馬功勞，不過卻遲遲無法真正展現他所有的能力和對比賽的影響力。1999 年，洪明甫轉會來到由日本名帥－西野朗執掌的柏雷素爾。由於西野朗是三中衛陣型的愛好者，因此將帥二人一拍即合，洪明甫在防守端的安定感成為西野朗旗下最重要的一員大將。除了穩定防守外，來到柏之後，洪明甫也重拾在韓國踢球時為人稱道的優秀進球能力。無論是帶球突破或是禁區外遠射都是他進攻的利器，1999 年，整季貢獻了 9 粒進球。也就是在柏雷素爾效力的第一個賽季，洪明甫幫助球隊一路闖進日本聯賽盃的決賽，並且在決賽擊敗鹿島鹿角取得冠軍。雖然四強時因為累積兩張黃牌，決賽被罰停賽，不過正是靠洪明甫八強的進球以及四強頑強的防守端表現，成為柏雷素爾能一路過關斬將的重要因素。

　　2000 年，洪明甫被西野朗任命為球隊的隊長，成為了聯盟史上第一位韓國人隊長。另一方面，曾經在大阪櫻花奪下 J 聯盟得分王的韓國射手黃善洪也在這季加入柏雷素爾。在獲得西野全面信任下，成為絕對核心，洪明甫努力穩定攻守平衡，搭配日本國腳北嶋秀樹等的攻擊火力，柏雷素爾成績一直名列前茅，直到球季的最後一場，與鹿島鹿角的對決，兩隊直接決定冠軍誰屬。可惜最終柏雷素爾只能屈居第二，和 J 聯盟冠軍擦肩而過。總計洪明甫效力柏雷素爾的前二賽季，首季奪下聯賽盃

桂冠，第二賽季戰至最後一天，才痛失聯賽冠軍。因此被稱為亞洲第一中後衛的洪明甫，身手徹底的征服日本賽場並被所有球迷所推崇，並在 2000 年拿下 J League 最佳 11 人的殊榮。

2001 年，在洪明甫的遊說下，韓國中場司令塔－柳想鐵加入柏雷素爾，因此擁有韓國國家隊的前中後場三位核心大將的柏雷素爾準備再次全力衝擊聯賽冠軍。不過一切卻無法如預期般發展，洪明甫和球隊開季便陷入低潮，洪明甫甚至因為受傷，直接錯過了下半季的賽程，總教練西野朗也因此成績不佳的原因下台負責。同年 12 月，洪明甫宣布退團，結束四年半的 J 聯盟生涯。離開 J 聯盟後，洪明甫回到老東家浦項鋼鐵效力，並且全力備戰日韓世界盃，世界盃之後更是遠渡美國效力洛杉磯銀河。2002 年日韓世界盃上，韓國隊大放異彩，一路擊退葡萄牙、義大利和西班牙等世界強國，洪明甫鐵衛的風采，至今仍被球迷所銘記。

震懾日本的韓國黃金左腳－
河錫舟

文：破風

每當說起日本足壇的黃金左腳，球迷們一定立即想起中村俊輔。原來在日本足壇也曾經出現過來自韓國的黃金左腳，他就是能攻擅守的河錫舟。

大部分資深球迷對河錫舟的最深刻印象，相信是在1998 年世界盃的時候。他在第一場分組賽很快就以罰球射門，協助韓國隊攻破墨西哥大門。可是他很快就因為魯莽犯規吃了紅牌，令韓國隊在人數劣勢下輸球。而在1998 年世界盃之前的半年，他離開了效力了八年的母會釜山隊，來到日本效力大阪櫻花，上場 17 次進了兩球。

可惜在世界盃之後，由於櫻花隊羅致了另一名韓國球星黃善洪，以及兩名巴西外援，令河錫舟受制於外援名額限制，於是只能離開轉投保級球隊神戶勝利船。還好他在神戶跟另一名韓國隊隊友金度動合作無間，協助神戶保住 J1 聯賽席位。此後的兩個賽季，河錫舟成為神戶隊的左邊和罰球的進攻泉源，司職左翼衛卻在兩個賽季射進 9 球，令神戶繼續保留在 J1 聯賽。與此同時，河錫舟也為韓國隊出場對戰日本，在 2000 年 4 月主場迎戰日本的友誼賽，他更為韓國隊射進致勝球，令神戶隊友也說「雖然看到河進球很高興，日本隊卻因此輸球了」。

2000 年賽季結束後，河錫舟決定離開日本，返回韓國效力浦項製鐵，本來是韓國隊主力的他，卻因為韓國隊在 2001 年的洲際國家盃慘敗，從此無緣代表國家隊，也錯失了參與 2002 年世界盃的機會。他在 2003 年賽季結束後也選擇退役，當時他已經 35 歲。

餘暉盡散的東歐左腳王－

斯托伊奇科夫（Hristo Stoichkov）

文：破風

斯托伊奇科夫（Hristo Stoichkov）肯定是保加利亞足球的頭號代表人物，這名擅長以左腳射進難度極高進球的悍將在巴塞隆納成名，協助保加利亞在 1994 年世界盃打進四強是他的職業生涯巔峰，並且奪得該屆世界盃的金靴獎及當年的金球獎。

在俱樂部方面，他效力國內球隊索菲亞中央陸軍六年，在 1990 年奪得歐洲金靴獎，殊不簡單。之後轉戰西班牙的巴塞隆納及義大利的帕爾馬，揚名立萬。

可是此後他下滑得很快，在 1998 年世界盃決賽圈前甚至到沙烏地阿拉伯打短工。

踢完 1998 年世界盃決賽圈後，柏雷素爾意外地把他帶到日本，令他成為這支球隊史上名氣最大的球星。斯托伊奇科夫雖然已經高峰不再，不過在日本還是吃得開，半個賽季踢了 16 場聯賽便射進 8 球。

到了 1999 年賽季，他在對浦和紅鑽、名古屋八鯨、大阪飛腳和古河市原連續 4 場比賽都有進球。後來他以回國參與歐洲盃資格賽為由離隊，可是踢完資格賽之後卻沒有返回日本，最終在不辭而別下結束日本之旅，他為柏雷素爾踢了 29 場比賽，射進 12 球。雖然明顯的建樹不多，斯托伊奇科夫也因為昔日的名氣而足以成為柏雷素爾歷史上的傳奇球星。

令日本人折服的韓國鐵漢－
柳想鐵

文：破風

日本和韓國之間的恩怨情仇實在相當複雜，不過韓國球員在日本 J 聯賽佔有很重要的地位，當中也有不少成功例子。2021 年因癌症離世的柳想鐵是在日本足壇發展最成功的其中一名韓國人，這名以打不死精神和用不完的體力著稱的中場硬漢，是 1990 年代韓國中場的核心成員，因此在 1999 年日本足壇開始從韓國聯賽大量挖掘國腳來投之際，柳想鐵也是其中之一。

他在 1999 年加盟橫濱水手，在國家隊只是防守中場的他，竟然在 2000 年得進 17 個聯賽進球。到了 2001 年他轉投柏太陽神，與國家隊隊友洪明甫和黃善洪合組韓國三人組，直到 2002 年世界盃結束後，柳想鐵希望踏足歐洲足壇，所以決定離開日本。

可惜柳想鐵的旅歐夢沒能實現，只能回到韓國加入母會蔚山現代。過了一年之後，柳想鐵在轉任橫濱水手監督的前日本隊監督岡田武史邀請下再次加盟，由於岡田武史的原意是希望柳想鐵代替本來答允加盟卻食言的巴西國腳 Cafu，所以柳想鐵這次回來是擔任右翼衛。不過這樣也沒難倒他，還協助球隊奪得第 2 次聯賽冠軍，翌年更衛冕成功，帶著光榮離開日本回韓國繼續職業生涯。

柳想鐵退役後從教練方向發展，並成為韓職球隊的總教練。可是在 2019 年確診第四期胰臟癌，因此在該年協助仁川聯保級成功後便退下來，成為球隊的榮譽總教

練。在 2020 年的 J1 聯賽揭幕戰，柳想鐵獲橫濱水手邀請參與聯賽冠軍祝捷會的嘉賓，球迷特地拉起橫額為他打氣，他也承諾有朝一天可以戰勝歸來與橫濱球迷重聚。可惜業力不敵天命，柳想鐵再也無法與橫濱球迷分享勝利的喜悅。

殘念的鹿島娃娃臉－
貝貝托（Bebeto）

文：破風

　　說起「娃娃臉殺手」這稱號，相信不少球迷自然想起巴西一代名將貝貝托（Bebeto）。這名曾經跟羅馬里歐 Romario 組成「夢幻組合」，協助巴西拿到 1994 年世界盃冠軍的傳奇球星，原來在職業球員生涯末期也去過日本踢 J 聯賽。可惜當時他已經英雄遲暮，所以匆匆離開之下，沒有為球迷帶來很深刻的印象。

　　Bebeto 在 1998 年世界盃決賽圈雖然還是正選前鋒，可是那時候的他狀態已經明顯不及四年前世界盃奪冠的時候。隨著年齡不斷增長，他的作戰能力也不斷下滑，在 1999 年轉戰墨西哥聯賽也無法交出亮眼表現。畢竟 Bebeto 是世界知名球星，所以就算跟墨西哥聯賽球隊結束合約，也不乏其他球隊問津，包括那時在英超的桑特蘭。不過在大前輩 Zico 的邀請之下，Bebeto 放棄去英超，在 2000 年一月決定加入鹿島鹿角。

　　日本足壇對巴西足球非常崇拜，而且 Bebeto 更是世界盃冠軍隊主將級人馬，所以決定加盟鹿島鹿角的那瞬間，就成為日本社會相當轟動的新聞，Bebeto 也在第一次見面會時揚言希望拿到 J1 聯賽金靴獎。可惜那時已經三十六歲的 Bebeto 確實不復當年勇，雖然在第三次上場的比賽進球，可是鹿島鹿角仍然輸給橫濱水手。從 2000 年賽季第 2 輪開始，Bebeto 連續七場比賽以正選身份上場，可是除了對水手隊那個進球，其餘時候就沒有什麼表現。然後他缺席了四場比賽，在五月十七日對大阪飛腳的比賽復出，可是踢了六十五分鐘還是一樣沒有進

球。這場比賽之後他就決定退隊，踢了五個月不到就倉皇離開他口中認為非常宜居的日本。

　　離開日本後，Bebeto 再戰巴甲，甚至去了沙烏地阿拉伯踢球，情況也沒有改變，結果在三十九歲的時候就退役。退役後他一度從政，以及擔任 2014 年世界盃決賽圈主辦方籌委會成員。

日職出色援將

紫光傳奇－
朴智星

文：凱爾文

由於亞洲足球快速發展，人們常在討論亞洲人尤其是身材條線有限的東亞黃種人如何能在歐洲足壇立足。過往韓國車範根在德甲偉大的表現，德甲生涯接近百粒進球，甚至在 85-86 賽季獲得德甲最有價值球員，被認為是二十世紀亞洲最佳球員。而一直到現在，孫興慜在熱刺發光發熱的表現，再次讓人見識東亞球員的無限可能性。但說到足壇史上最偉大的亞洲球員，不只在個人技術層面，也在團隊貢獻層面上，朴智星才是世界上公認的歷史最佳。

朴智星能勝任中場所有位置和前鋒，左右腳能靈活運用，紮實的基本功，出色的身體平衡，有著極強的帶球突破能力，也擅長無球跑動為自己和隊友製造空間。他是位全能的球員，球隊不可或缺的發電機，有趣的是這位有著四屆英超冠軍和一屆歐冠冠軍的韓國球員，他的職業生涯卻是始於日本 J 聯盟。

2000 年，京都紫光不死鳥簽入一位韓國大學生球員。當時沒有人會想到這位青澀害羞的韓國大學生最終會成為亞洲歷史上最偉大的球員之一。2000 年，屬於韓國奧運 U23 代表隊一員的朴智星，心理已經在構想著自己未來一定要旅歐發展，但現實是自己仍是沒有職業隊經驗的大學生。這時日本 J 聯盟的清水心跳和京都紫光不死鳥同時表達對於朴智星的興趣，最後朴智星選擇了唯一提出職業球員合約的京都隊，當時正面臨降級危機的京都也會讓他有更多上場發揮的空間。

　　在雪梨奧運後加入球隊的朴智星果然就經常以替補的身分上場，也在這年收穫他職業身涯的第一粒進球。而他的職業菜鳥年非常幸運地隊上有著三浦知良這樣的日職巨星，提供他非常好的職業球員榜樣，也因此在朴智星職業生涯的起始就建立了非常關鍵的良好職業意識和素養。另外雖然球隊配有翻譯，但一入隊的朴智星就開始非常認真的自己學習日文，因此時至今日，離開日本已經二十年的朴智星仍能講出一口流利的日語，自我要求高是他能成功非常重要的特質。2000 年京都對鹿島鹿角的比賽中，朴智星邊路突破傳中，三浦知良接獲傳球頭球攻門得分，兩位亞洲傳奇球星在朴智星的菜鳥年，也是三浦知良在京都的最後一個賽季相遇，成為了足壇稱頌的一段佳話。

　　2001 年，由於上一季京都以最後一名的成績降級到 J2，而朴智星也是在這一年成為了隊上的不動主力，整季 38 場比賽他全勤上場，J2 的賽場為朴智星提供了非常好的磨練機會，成為了他下一年狀態大爆發非常重要的因素。在朴智星的帶領下，京都紫光不死鳥獲得了 2001 年 J2 的冠軍，重新回到了 J1 的舞台。

　　2002 年，可以說是朴智星職業生涯相當重要的一年，由於 2001 年的經歷，朴智星大幅成長，在 2002 年 J 聯盟上半季，他已經展現出不俗的影響力。而季中日韓世界盃的參賽，則徹底改變了朴智星的球員生涯。韓國和葡萄牙的小組賽上，在全世界面前朴智星展獲了高難

度的進球技驚四座，不只為韓國收獲關鍵的勝利，自己也因此獲得來自歐洲豪門俱樂部的關注。世界盃結束後，朴智星回到京都紫光不死鳥，雖然只離隊一個多月，但回到京都的朴智星各方面似乎已經是個不同的球員了。

由於在世界盃上獲得的超高評價，朴智星旅歐已經只是時間問題，加上他在世界盃上邊鋒位置的優異表現，在 J 聯盟下半季賽程開始，京都特別為了將朴智星放在邊鋒位置重新安排全隊陣型，在前鋒上安排黑部光昭，另一邊安排松井大輔，形成前場進攻的三叉戟。而這樣的安排立刻發揮成效，球隊精彩表現不斷，而且京都也成功進入天皇盃決賽。在天皇盃決賽上，朴智星在下半場攻入關鍵的追平球，幫助球隊最後 2 比 1 獲勝。在轉會荷甲豪門 PSV 前的最後一場比賽，朴智星成功帶領球隊獲得天皇盃冠軍，為自己的日職生涯劃下完美句點，也為自己巨星生涯設立完美的起點。後來的故事，就是所有的球迷都耳熟能詳的了。

2014 年 6 月 28 日，在朴智星宣布足壇引退後，京都紫光不死鳥選在這天盛大舉辦朴智星的引退儀式，在朴智星離開日本十多年後，京都仍然深深地以他為榮，而他也依舊能以流利日語發表對於京都球迷的感謝。那個曼聯的傳奇球星，也是京都紫色 7 號球衣的韓國小夥子，將永遠被稱頌。

傳奇森巴浪客－
馬爾基尼奧斯（Marquinhos）

文：凱爾文

　　2023 年，炎熱的巴西，一個微風輕拂的黃昏，一場熱鬧激烈的沙灘足排球賽事正在巴拉那河畔的小城進行。場中的一位球員一下飛身救球，一下又是高高躍起頭球扣殺得分，這裡的觀眾都以這位 47 歲的男子為榮。人們在場邊一邊喝著啤酒，一邊談論著他曾經在日本 J 聯盟創下的豐功偉業，他是馬爾基尼奧斯（Marquinhos），J 聯盟史上外國選手最多進球紀錄保持者。

　　頭髮飄逸、黃色的球鞋和代表巴西的黃綠色護腕，這是馬爾基尼奧斯最為人所熟悉的標誌性形象。2001 年，25 歲的馬爾基尼奧斯在東京綠茵正在為 J1 保級而掙扎時登陸日本，在餘下的賽季，14 場比賽攻下 8 球，為東京綠茵保級成功立下相當重要的汗馬功勞。2003 年，離開綠茵的馬爾基尼奧斯加入橫浜水手，他也在這個賽季發揮出立竿見影的能力，和名將久保竜彥完美搭配，為球隊贏得了 2003 年 J 聯盟的冠軍，可惜隔年因為韓國名將安貞煥的引進，橫浜水手並未和位置重疊的馬爾基尼奧斯續約。2004 年賽季，馬爾基尼奧斯加入千葉市原，在新球隊裡他不只延續了絕佳的狀況，14 場比賽攻下 12 球，在季中和來日本友誼賽的皇家馬德里比賽中，更是踢出一記超遠自由球，直接打穿了當時世界最佳守門員——卡西拉斯（Iker Casillas）把守的球門，震撼了當時日本球壇。可惜 9 月的受傷讓他賽季直接結束，回到巴西養傷。2005 年賽季中段，馬爾基尼奧斯再次回到日本加入清水心跳，這次再度幫助處於掙扎狀態的球隊完成保級的任務。

2007 年，31 歲的馬爾基尼奧斯來到了鹿島鹿角，也真正迎來了他球員生涯最巔峰的時期。2007-2009 年，三年間，馬爾基尼奧斯無懈可擊的表現幫助鹿島鹿角隊奪下 J 聯盟三連冠的霸業。馬爾基尼奧斯在門前靈敏的嗅覺、超強的把握能力，能在門前各個角度取得進球、優異的頭球攻門和遠射能力，造就了他在鹿島鹿角三連霸期間壓倒性的勝負決定力。另一方面，三連霸期間和前鋒搭檔－興梠慎三，默契十足的互相輸送也是成功的一大主因。當然當時隊上還有 J 聯盟史上最偉大的右後衛──內田篤人，他精湛的攻守表現也是造就馬爾基尼奧斯能力完全展現的一大因素。2008 年是馬爾基尼奧斯最豐收的一年，不只奪下 J 聯盟當季得分王，也成為 J 聯盟當季的 MVP。

2010 年，鹿島鹿角在三連冠後，這季第四名坐收。考慮到馬爾基尼奧斯已經 35 歲偏高的年紀，鹿島鹿角決定不與之續約。2011 年，馬爾基尼奧斯在回鄉或續留日本的掙扎中，選擇加入仙台隊，但開季僅一場後，發生東日本大地震，一陣天搖地動也動搖了馬爾基尼奧斯留在日本的心，地震發生後，馬爾基尼奧斯立即返國，之後也未在 J 聯盟全面復賽時，如期返回日本。在巴西聯賽短短效力五場後，2012 年，那個大家熟悉的馬爾基尼奧斯再次回到日本加入橫浜水手，並且在 2012 年取得 11 個進球，維持射手本色。就當大家認為他即將走下坡時，2013 年，37 歲的馬爾基尼奧斯取得個人單季最高

的 26 個進球紀錄，並且幫助球隊拿下 2013 年天皇盃的冠軍，再次展現宰制力。雖然 37 歲的馬爾基尼奧斯爆發力不如當年，不過射門把握能力依舊，加上靈活的跑位以及隊上司令塔中村俊輔的精妙組織的幫助，馬爾基尼奧斯再次站上巔峰。

2014 年神戶勝利船簽下 38 歲的馬爾基尼奧斯，這是這位外籍老將第 14 個日職賽季，他的得分能力依舊，16 個進球，寶刀未老。可惜 2015 年因為和新任主帥發生爭執，未能踢完賽季，便離隊歸國。十五年的日職生涯，留下相當多接下來的外籍球員難以超越的紀錄，馬爾基尼奧斯毫無爭議，絕對是 J 聯盟史上最偉大的外籍球員之一。

指環王的華麗冒險－
安貞煥

文：凱爾文

　　時間回到 2002 年日韓世界盃的十六強，一場眾所矚目的比賽，地主韓國對上了眾星雲集的義大利。原本外界預期義大利將能淘汰韓國，但卻出乎意料地雙方戰況持續陷入膠著，僵持不下。直到延長賽中，一位俊俏臉龐、長捲髮的韓國球員面對傳中球高高躍起頭球攻門，球一路鑽進死角，打穿傳奇門將布馮的十指關形成黃金進球，因此奪冠熱門義大利遭到淘汰。而這位韓國球員入球後親吻手指的動作，也讓他被稱為指環王。他是安貞煥，這顆可以說是改變韓國和義大利足球歷史的進球讓全世界認識了安貞煥，原本預期將為他的旅歐生涯寫下進一步的精彩新篇章，但結果卻是這個進球幾乎斷送他的旅歐夢，不過也意外地帶領著他寫下了其職業生涯最完美的日職傳奇。

　　由於世界盃上淘汰義大利的進球與慶祝動作導致安貞煥在義大利的母球會－佩魯賈尷尬的處境，俱樂部高層一連串不理性的言論被媒體放大，導致安貞煥和佩魯賈產生嫌隙，因此安貞煥陷入不願回佩魯賈報到也無法轉會的僵局。最後來自日本的經紀公司看上了安貞煥獨具魅力的特質，從佩魯賈買斷了安貞煥的合約將他帶到日本，作為足球員也同時作為藝人雙棲發展。因此安貞煥開啟了他夢幻般的三年旅日生涯。

　　由於合約問題，安貞煥在 2002 年日職下半季已經開始後才加入清水心跳，不過各項賽事 15 場比賽貢獻 7

粒進球，無論聯賽、天皇盃甚至亞冠聯賽都有他進球的足跡。這位韓國最強前鋒用了半季就已徹底獲得全隊及球迷的認可。

相較於時間往前推十年，日韓之間關係緊張的年代，韓國球員到日本踢球是會遭受批評的，不過在確定日韓共同主辦世界盃後，一切有了徹底的改變。由於安貞煥球員兼藝人的雙重身分以及年輕氣盛的個性，在日本效力期間常常會講出受到日韓兩國批評的話語，但終究時代已轉變，兩國關係不再如此尖銳，加上他在賽場上總能展現精湛的表現，因而在日職賽場上擦亮他亞洲頂級前鋒的招牌。

2003 年在日職的首個完整賽季，安貞煥在總計 39 場比賽中攻入了 19 粒進球，慣用腳為右腳的安貞煥卻擁有著優異的雙腳平衡運用，左腳也踢出非常多漂亮的進球，再加上他非常優異的頭頂進球能力，擁有多樣進攻武器的安貞煥成為日職賽場上最難防守的前鋒之一。由於展現出的頂級身手，在和清水心跳合約到期後的安貞煥立刻受到多支日職球隊的追求。

2004 年，安貞煥轉投橫浜水手，和久保竜彥、中澤佑二和松田直樹等日本頂級球星以及同胞球員、韓國隊中場大將柳想鐵同隊作戰。而安貞煥這季繳出的也是符合頂級球星身價的表現，31 場收穫 16 粒進球，在日本名帥岡田武史的指揮下獲得了日職的冠軍。也就是 2003

年在清水以及 2004 年在橫浜水手精湛的表現，安貞煥
重新旅歐的火苗也悄悄地被點燃。就像安貞煥在訪談時
所說的：「他非常適應日本生活和賽場上的各方面，但
他待過歐洲，知道那才是足球的最高殿堂，希望很快地
能再回到歐洲踢球。」2005 年，開季後 12 場 7 粒進球
的安貞煥依舊在聯賽和亞冠展現穩定身手，而來自法甲
梅斯的邀請，安貞煥決定重回歐洲繼續他未完成的挑
戰。

　　2000 年 12 月 20 日，國立競技場的一場日韓大戰，
幾乎可以說是日韓最強陣容的面對面碰撞。安貞煥在艱
難的處境中，利用漂亮的過人擺脫，右腳長射得分為最
後一比一的和局做出最大貢獻。2003 年 6 月 1 日，日韓
國家隊之間的友誼賽，安貞煥再次洞穿日本國家大門，
得下全場唯一 1 球，似乎日本和安貞煥有著奇妙的緣分。
也就是在那顆幾乎徹底改變他職業生涯的世界盃進球
後，日本的 J 聯盟成了他短暫的避風港，讓他得以維持
狀態，並再次獲得旅歐機會，而在 J 聯盟效力的這三年
之後更是被球界公認是他職業生涯中最成功的階段。

川崎前鋒「太陽之子」－
儒尼尼奧（Juninho）

文：羅伊

　　對上幾個賽季，川崎前鋒霸氣盡露，儼然「日職曼城」，一度在 2017 至 2021 年合共四奪冠軍，近十年也不乏大名鼎鼎的球星留下足印，包括大久保嘉人、中村憲剛、川島永嗣和三笘薰等，但球隊的王朝還未建成之前，也曾有令人忘不了的高效外援效力，被粉絲稱為「川崎之太陽」，他就是巴西前鋒儒尼尼奧（Juninho）。

　　儒尼尼奧生於 1977 年，身高 174 公分，全名 Carlos Alberto Carvalho Dos Anjos Junior，其父和兄弟也是前職業足球員，稱得上是足球世家。哥哥澤卡洛斯（Zé Carlos）比他年長 12 歲，曾在上世紀 80 年代為巴西大國腳上陣 4 次，曾效明尼路和國際體育會等。

　　巴西隨處都有足球天才，儒尼尼奧的天份不算突出，青年軍效力巴伊亞（Bahia），直至 18 歲展開職業生涯，代表過巴西 U20 披甲。直到 23 歲，他才有轉投國內勁旅帕梅拉斯，曾經引起西甲豪門巴薩青睞，惟 2002 年球隊成績不佳，這名小鮮肉無法獨善其身，最終隨隊降至巴乙，登陸歐洲的美夢成空。

　　翌年，儒尼尼奧不放過前往海外的機會，決定以借將身份加盟日乙球隊川崎前鋒，首個賽季就平地一聲雷，踢進 28 球，排名射手榜次席。2004 年，「太陽之子」獲買斷後發光發熱，表現更上一層樓，以 37 球榮膺日乙射手王，領軍升上日職，賽季後甚至拒絕了西甲貝迪斯挖角。

儒尼尼奧加盟川崎前鋒前八個賽季，悉數取得雙位數進球，2007 年以 22 球獲得日職射手王獎項，成為史上第 2 位同時包攬日乙和日職最佳射手的球員，威風八面。來到日本前，他多數擔任翼鋒，而在川崎獲委以重任，擔任正前鋒，成為得分尖刀。

儒尼尼奧的特點是「快」，如要加多幾個形容詞就是「快、快、快」，每當隊友把皮球傳到敵人防線身後，他能第一時間突圍而出，引球向前，迅雷不及掩耳地摧毀城池。歲月催人，他在職業球員末段隨速度下滑而進球大減，2012 年轉投鹿島鹿角後，表現今非昔比，2014 年落葉歸根，三年後正式掛靴。

遺憾的是，儒尼尼奧不僅無緣代表大國腳，效力川崎前鋒時合共 3 次成為聯賽亞軍，兩次成為天王盃亞軍，擺脫不了「千年老二」的厄運。「來日本前，帕梅拉斯降班，當時加盟川崎前鋒，也是日乙，我覺得自己創造了歷史，甚至是一個奇蹟。」他說：「那段時間是職業生涯最光輝的日子，感謝球迷的支持，讓我賓至如歸。」

2008 年，這名巴西人本來打算入籍日本，讓子女接受更好教育，奈何日語不靈光，還是打消念頭，回國生活。現在，他是足球教練，期望把所學的東西傳授給下一代，為足壇發掘更多新星。值得一提，他是日職進球第 3 多的外援，也曾保持川崎前鋒隊史進球王紀錄，直至 2020 年被本土前鋒小林悠打破。

日職出色援將

巴西製造的日本橋－
邦迪（Robson Ponte）

文：破風

在日本踢過球的巴西人可說是多如恆河沙數，有些更成為日本足壇一代傳奇。邦迪（Robson Ponte）不僅為浦和紅鑽建立不世功勳，退役後更成為日本足壇通往歐洲的橋樑。

邦迪在 1999 年夏天從巴西轉投德甲球隊勒沃庫森，雖然在這支藥廠球隊兩度效力的四個賽季都沒有什麼成績，期間還因為外借到沃夫斯堡而錯過了參與 2002 年歐冠決賽的機會，不過德國之旅對他來說是球員生涯的重要一站，因為擔任浦和紅鑽總教練的德國名宿布赫瓦爾德（Guido Buchwald）就是透過邦迪在德甲踢球的表現，才決定把他帶進浦和隊。

邦迪來到日本之後，立即發揮強大的組織進攻和射門的能力，第一次出場對 FC 東京就有進球。到了 2006 年聯賽最後一戰，浦和跟爭冠對手大阪飛腳直接交手，邦迪為球隊進球追平，令浦和最終反敗為勝，奪得第一次 J 聯賽錦標。於是他在 2007 年為浦和出戰亞冠聯賽，以 5 個進球協助浦和首次成為亞洲冠軍。雖然沒能協助球隊衛冕聯賽，仍然以 7 個進球和 12 次助攻當選年度 MVP。

可惜在 2007 年聯賽最後一戰，邦迪弄傷了十字韌帶，令他無法出戰當年的世俱盃，也因此缺席了 2008 年上半賽季。就算之後復出了，傷患也影響他的出場時間和表現。到了 2010 年賽季結束後，Ponte 終於離開日本，回到巴西再踢一年後退役。

　　邦迪退役後不乏回到日本的機會，先是在 2013 年參與 J 聯賽成立二十周年的元老賽，翌年參與舊隊友山田暢久的告別賽，2017 年也到日本參與舊隊友鈴木啓太的告別賽。後來他出任葡萄牙球隊樸迪莫倫斯（Portimonense）的總經理兼副會長，於是利用自己的人脈，將多名效力過浦和的巴西球員帶到葡超，也將中島翔哉帶到球隊，令他躍升為日本國腳，充分擔當他的姓氏本身意思「橋樑」的角色。

日職出色援將

綠巨人序曲－
浩克（Hulk）

文：凱爾文

　　帕拉伊巴（Paraiba），巴西這個國家內的一個小省，但這個省內擁有的兩個寶藏，讓它注定要被世人所稱頌，一個是世界上最昂貴的寶石之一、綻放美麗霓虹光芒的帕拉伊巴藍碧璽；另一個就是巴西足球明星浩克（Hulk）。Hulk Paraiba 是這位極具特點的強壯前鋒的暱稱，來自帕拉伊巴的浩克在青年時期沒有獲得太大的關注，在巴西維多利亞青年隊升上一線隊只踢了四場比賽後，球隊降級，18 歲的浩克很快失去舞台。而這時來自海的另一邊拋出了橄欖枝，日本 J 聯盟川崎前鋒提出租借，將 18 歲的浩克帶往日本。就像日本寶石商人被世界所稱讚的，對於寶石挑選的獨到眼光，浩克這顆尚未被拋磨打亮的稀世珍寶，將在日本初露鋒芒，而淬鍊他成長的舞台，就是在日職的次級聯賽——J2 的賽場。

　　浩克抵達日本後和川崎前鋒簽下合約，這對他來說意義重大。從小生活在窮困環境裡，浩克跟著父母在市場肉攤工作。小時候的浩克要幫忙扛著沉重的肉去市場販賣，因此去找朋友玩的時候，浩克常常衣服上都是帶著肉的血水與味道。因此他人生中第一份的職業合約和工資就足以讓從小窮困的他高興了好一陣子。由於當時川崎前鋒外援名額已滿，浩克首個賽季能獲得的機會有限，卻也足以讓球隊證實了他的潛力，因此下個賽季（2006），川崎將他正式買斷並租借到 J2 的北海道札幌岡薩多。就這樣浩克在北國開始了他生涯第一個完整的職業賽季。

　　壯碩的身材卻不影響浩克充滿爆發力的帶球衝刺，而勢大力沉的左腳重砲射門也成了他在聯盟站穩腳步的最大武器。由於球隊眾多，J2 賽程相當冗長，各個球隊四散在日本全國，需要相當多的長途移動，不過卻因此給了浩克更多打磨自己的機會和空間。在他足球生涯首個完整賽季，浩克為札幌岡薩多出賽 38 場，攻進了 25 粒進球。優異的表現徹底征服了札幌球迷的心。整個賽季，經常可以看到他踢出遠程的自由球，強勁鑽入球門死角；防守搶斷帶球衝入禁區射門，或製造防守者禁區犯規，獲得十二碼球親自主罰破門。雖然在個人技術和團隊配合上浩克還是顯得生嫩，但在細節上會不斷要求的日式訓練風格培養下，浩克一個賽季下來有了明顯的進步，迎來了下一季的大爆發。

　　2007 年賽季，浩克被轉租借到了 J2 的另一支球隊──東京綠茵。由於上賽季獲得的經驗讓他快速成長，新的賽季，浩克表現所向披靡，完全征服 J2 的賽場，整季 42 場出賽，進了多達 37 球，不只成為了當季 J2 的進球王，也寫下 J2 史上單季最多進球的紀錄。優異的表現，也幫助東京綠茵升上 J1，成就了這個收穫豐盛的賽季。相較於 2006 年在札幌的賽季，2007 年，浩克不只在技術上發展更趨純熟，團隊合作上更能適應場上快速的節奏並做出明確的判斷和精準的搭配，因此踢出更加明快的節奏，也徹底展現出他天生的爆發力和力量。也就是在這個賽季亮眼的表現，開始吸引到了歐洲名門俱樂部的關注。

2008 年，短暫回歸川崎前鋒後，東京綠茵正式簽下浩克。首登 J1 賽場的浩克，依舊在賽場上大殺四方，14 場出賽，8 個進球。此時蠢蠢欲動的歐洲名門，終於徹底被如此優異的天分所征服，葡超豪門波圖將浩克簽下，帶往歐洲。接下來的故事就是眾人耳熟能詳的，浩克拿下葡萄牙頂級聯賽幾乎所有能拿到的榮耀，接著轉會俄羅斯澤尼特讓球隊多年來成為一方霸主。2014 年巴西世界盃上，浩克作為巴西國家隊主力被世人所熟知。

2017 年亞冠東亞區決賽首回合在上海的夜晚，浦和紅鑽和浩克的上海上港 1：1 打平，終場哨聲響起後，離開日本已有近 10 年的浩克走向浦和紅鑽老將阿部勇樹交換球衣。就像浩克賽前訪問所談到的，他很懷念在日本的生活，不只在賽場上，生活面上也幫助他很多。他甚至記得他在 J 聯盟的最後一場比賽就是對上浦和紅鑽，而且他還進了球。但也許他不記得，他的進球正是來自阿部勇樹在禁區內對他犯規製造的十二碼，這也許就是緣分吧！

歲月催人的東京塔－
萬喬普（Paulo Wanchope）

文：破風

　　日本職業聯賽歷年來都有不少國際級知名球星前鋒加盟，FC 東京身為首都球隊當然也不例外。他們曾經在 2007 年引進哥斯大黎加前鋒萬喬普（Paulo Wanchope），希望能為球隊帶來更多進球，可是這名身材高大的前鋒卻因為傷患而沒能在日本擁有美好的經歷。

　　萬喬普在 1997 年效力英超球隊德比郡，在老特拉福球場射破曼聯大門令他一舉成名，後來他在西漢姆聯和曼城也取得不錯的成績，也率領哥斯大黎加參與 2002 年和 2006 年世界盃決賽圈，以 45 個國際賽進球成為國家史上第二號射手。

　　FC 東京在 2007 年賽季把他收歸旗下，期望他能夠以 187 公分身高撞破對手大門。可是萬喬普當時已經傷患滿身，所以一直沒能發揮昔日在英超的水平，踢了 12 場聯賽和 4 場聯賽盃賽事，合共只能取得 3 個進球。他在球場上跑動也不活躍，因此只踢了 4 個月便遭總教練棄用，繼而與他提早解約。擁有相當高名氣的萬喬普，最終只在東京待了半年便離開，後來他轉戰美國職業聯賽也毫無起色，所以踢完當年的比賽後便退役，當時他只有 31 歲，非常可惜。

無法閃耀靜岡的性感巨星－
永貝里（Freddie Ljungberg）

文：破風

在日本職業聯賽接近三十年的歷史中，曾經有不少具名氣的世界級球星登陸，當中有表現相當亮眼，也有令球迷相當失望的，瑞典名將永貝里（Freddie Ljungberg）遺憾地屬於後者。

永貝里在兵工廠和瑞典國家隊的英雄事跡相信不用多作介紹，可惜他經過多年的高水平賽事洗禮後，也為自己帶來滿身傷患，自從於 2007 年被溫格（Arsene Wenger）放棄後，他的職業生涯發展下滑速度很快，不僅在西漢姆聯無法交出令人滿意的表現，及後轉戰美職聯和回到歐洲效力塞爾提克也不復當年勇。在賦閒了八個月之後，清水心跳在 2011 年 8 月宣布獲得這名前瑞典國腳加盟，當時的報道指出他的年薪仍然高達 6,000 萬日元，他也成為清水史上名氣最大的球星之一。

可是希望愈大，失望愈大，傷患令永貝里沒有了當年紅髮悍將的威風，他在清水只踢了 8 場比賽，沒有進球。而且在 2012 年初的時候以回國養傷為由，一直都沒有歸隊訓練，包括沒有隨軍到香港參與賽季前的訓練賽。結果他在賽季開始前與清水解約，並於聲明表示球隊沒能參與亞冠，與他的意願相違是解約原因。此舉令日本球迷相當不滿，紛紛留言指責他對球隊不尊重，以及他的離開可以為年輕人提供更多機會，所以走了更好。

　　順便提一下，永貝里曾經在 2002 年代表瑞典參與世界盃決賽圈，當年瑞典四場比賽都在日本進行，結果永貝里踢完首 2 場比賽之後便因傷缺席餘下比賽，瑞典也不敵塞內加爾出局，看起來他在日本並沒有太多好運相隨。

　　永貝里在離開清水後一直沒有加入任何球隊，到了 2012 年 8 月終於宣布退役。

南美神鋒的櫻花夢－
佛蘭（Diego Forlan）

文：凱爾文

2010年南非世界盃，一位頂著金色捲髮的烏拉圭前鋒，每每在關鍵時刻踢出一顆又一顆高難度的遠射破門，徹底征服了賽場，也征服了全世界球迷的心，他是佛蘭（Diego Forlan），2010年南非世界盃的最有價值球員。他出色的球技和無可比擬的領袖風範帶領烏拉圭重回世界盃四強，也為這支過往的世界足球強權重新樹立起強國的大旗。這位兩屆西甲進球王，在2011年離開馬德里競技後，狀態有所下滑，2013年賽季後，他離開巴西國際隊，遠渡重洋來到東瀛日本踢球，也讓足球狂熱的日本球迷能夠一睹世界頂級球星、烏拉圭球王的風采。

2014年1月，佛蘭和大阪櫻花簽下一年合約，世界頂級球星的加入，震撼了日本球壇，尤其是大阪櫻花隊上已經擁有柿谷曜一朗、山口螢和南野拓實等日本國腳和明星球員，佛蘭的加入無疑讓大阪櫻花的實力再往上提升，也讓球隊成為奪冠熱門。果不其然，有著佛蘭的大阪櫻花開季便踢出不錯的勢頭。亞冠和武里南的比賽，佛蘭攻進在大阪櫻花的第一顆進球。而在聯賽的第一顆進球一直到第四輪比賽才終於開張，由佛蘭發動的三人小組配合，透過柿谷與山口的傳球與跑動，最後製造佛蘭球門前推射入門，為球隊取得勝利。聯賽第七輪與大阪飛腳的關鍵同城德比，佛蘭成為了主宰戰場的關鍵人物，山口螢、柿谷和佛蘭的三人小組搭配再次展現默契，由佛蘭踢進第一粒進球，接著佛蘭再次發威，展

現他標誌性的自由球得分能力，踢進一記自由球為最後
2 比 2 的平局，做出最大貢獻。很快的，聯賽第九輪迎
來的也是至關重要的關西德比，與神戶勝利船的比賽。
在這場比賽中，佛蘭再次挺身而出，攻進兩顆進球，為
全場 2 比 2 平局的結果再次做出關鍵性的貢獻。

　　第十一輪的比賽，與名古屋鯨魚的交手，佛蘭全場
貢獻一個進球和一個助攻，為球隊拿下關鍵的勝利。半
季 13 場比賽 6 個精彩進球，貢獻了不錯的數據。雖然球
隊戰績並不如預期，不過越來越適應日職賽場的佛蘭也
準備迎來下半季的爆發。另一邊在亞冠賽場與山東魯能
的比賽，佛蘭也為球隊獲得關鍵進球，帶領球隊挺進亞
冠十六強淘汰賽。

　　就當人們似乎覺得一切能如預期越來越好時，開始
出現了相當多的變數。6 月初，由於成績未達目標，大
阪櫻花撤換原先的總教練。7 月中，柿谷曜一朗轉戰瑞
士巴塞爾。下半季開始，一切開始往越來越壞的方向走。
由於球隊戰績持續不理想，大阪櫻花賽季第二次換掉總
教練，到 9 月時包括山口螢在內的多名主將陸續受傷，
加上新教練不重用佛蘭，在下半季佛蘭經常被放在板凳
席上，因此僅僅獲得一顆進球。大阪櫻花下半季成績持
續低迷，毫無起色，終於在 11 月 29 日與鹿島的比賽後，
正式宣告降級確認，大阪櫻花跌落 J2 賽場。

　　由於合約到期，佛蘭準備離隊重返南美賽場，不過
他相當高的薪水使得有意接手的隊伍最後都望而怯步，

最後佛蘭在等不到理想報價後，決定和大阪櫻花再簽約半年，隨著球隊征戰 J2。由於過去一年的日職經驗，第二年的佛蘭很快適應場上的一切，4 月和 5 月便獲得了10 顆進球，尤其和京都的比賽，佛蘭獲得在日職賽場上的第一次，也是唯一一次的帽子戲法。5 月與長崎的比賽中，佛蘭踢進一顆非常遠、難度非常高的自由球破門，也成為了他日職生涯最後一顆進球，他用最標誌性的得分方式和日本球迷道別。6 月底和球隊合約到期後，佛蘭決定離隊，在和德島的比賽後，球隊為他舉辦歡送儀式，他也在儀式上表達了對日本的喜愛以及對球迷的不捨。在櫻花球迷心中，這位足壇名將在為球隊效力時的英姿和回憶，將成為他們心中永遠的寶藏。

科隆王子上錯了「船」？
波多斯基（Lukas Podolski）

文：羅伊

　　「足球就像下棋，只是沒有骰子。」這是「科隆王子」波多斯基（Lukas Podolski）的金句。如果可以擲骰子，他會選擇搭上神戶勝利船嗎？

　　波蘭出生的波多斯基，出身自科隆青年軍，2003 年升上一線隊，未夠 20 歲已經成名，3 年後轉投德甲巨人拜仁慕尼黑，翌季便成為聯賽和德國盃冠軍。不過，他似乎應付不了豪門壓力，2009 年重返成名地，又過了 3 年，新東家是英超勁旅阿森納，第 2 個賽季奪得足總盃錦標。

　　歷史再一次輪迴，波多斯基在豪門失去方向，表現持續低迷，2015 年冬天被租借到義甲國際米蘭，半年正式轉投土超班霸加拉塔薩雷。他在土耳其漸漸重拾狀態，兩個賽季也能踢進 17 球，並在 2016 年下旬傳出轉戰亞洲，結果因北京空氣污染嚴重而選擇日本，以 9.6 億日元年薪加盟神戶勝利船。

　　話分兩頭，波多斯基早年因被波蘭拒絕而選擇為德國出戰，2004 年上演國際賽處子作後，一直深受主帥器重，並成為 2014 年世界盃冠軍重臣。在國際賽南征北討長達十三年，他代表德國披甲 130 場，踢進 49 球，上場和進球同在歷史上排名第 3 位，更在 2013 年 5 月對厄瓜多時，閃電 9 秒破門刷新日耳曼戰車史上最快紀錄。

　　話說回來，「科隆王子」登陸神戶，揭開了勝利船搜羅超級外援的序幕。7 月底的日職處子作，他登場梅

開二度，先聲奪人。當球迷以為那是好開始，誰想過在之後的 14 場比賽，他只多進 3 球而已。有說球隊之所以簽下他，不過是主要贊助商樂天的商業操作。

2018 年，波多斯基獲委以重任，榮升勝利船隊長，也是隊史第 2 位外籍隊長，於 8 月傷患復出後，馬上助攻給伊涅斯塔攻進加盟後首球。那一季，他上場 24 次，同樣僅進 5 球，數字令人失望。2019 年，他在 3 月份打開賽季進球之門，但 4 月份因易帥而放下隊長臂章。即使他在賽季末曾上演帽子戲法，惟巧合地，整個賽季同樣僅進 5 球。

2020 年 1 月 1 日的天皇盃決賽，波多斯基正選披甲，藉傳中導致鹿島鹿角送出烏龍球，告別前拿下在日本唯一一個冠軍，相隔三年再度重返土超，但這次目的地不是加拉塔薩雷，而是實力次一等的 Antalyaspor。不知不覺，38 歲的「科隆王子」不再年輕，如今回到波蘭聯賽，老而彌堅，上賽季為 Gornik Zabrze 進了 8 球，交出 10 個助攻，仍未言退。

對於波多斯基在日職度過 3 個賽季，卻沒留下太多亮點，波蘭媒體聲稱：「他喜歡日本，但適應不到當地文化，例如日本人重視禮貌，但他總是在更衣室大聲喧嘩，而且帶著傲慢的態度對抗。」孰真孰假？茶是故鄉濃，他在今年 6 月與 Gornik Zabrze 簽下新合約，結束時將滿 40 歲。

日職出色援將

世界級中場大師－
伊涅斯塔（Andres Iniesta）

文：羅伊

　　時光飛逝，2023 年賽季是「小白」伊涅斯塔（Andres Iniesta）加盟神戶勝利船後的第 6 個賽季，但世事豈可盡如人意，同年 7 月 1 日面對北海道札幌岡薩多，上演了日職告別戰。「當你離開祖國後，很難再感受到賓至如歸，但在神戶，我有『家』的感覺。」他感觸地說。

　　西班牙中場伊涅斯塔生於 1984 年，於 1996 年加入巴薩青訓，足球天賦表露無遺，由 U16 開始已代表國家隊，2006 年擢升上成年隊，不僅成為 2008 和 2012 年歐國盃冠軍成員，也是 2010 年世界盃功臣。在巴薩，他經歷了「地上最強」王朝，與哈維（Xavi）、梅西（Messi）等巨星合作無間，締造了前無古人的「六冠王」霸業。

　　「小白」技術渾然天成，傳球獨到，有口皆碑，2009 年榮膺西甲最佳本土球員，5 次當選西甲最佳中場，9 次入圍 FIFA FIFPro 年度最佳陣容。他的控球、平衡、用球能力超卓，能在窄小空間交出妙不可言的助攻，更是埃托奧（埃托奧 Samuel Eto'o）和比亞（David Villa）眼中的「史上最強中場」。

　　贏過足壇所有錦標後，伊涅斯塔於 2018 年毅然跳出舒適圈，轉投神戶勝利船，並因重視禮貌、責任心強、平易近人，被本土媒體形容為「比日本人更像日本人」。2019 賽季，他帶領球隊奪得天皇盃，也是隊史首座重要錦標，翌季超級盃對橫濱水手，激戰至互射十二碼，主罰破門，摘下在日本第 2 個冠軍。

2020 年，勝利船劍指亞洲冠軍，順利打入了東亞區決賽，惟伊涅斯塔對上海上港帶傷上陣，隨後因傷缺席了 4 個月之久。2021 賽季，他缺席部份季初賽事，傷癒復出後表現活躍，助球隊獲得聯賽季軍，個人入選年度最佳陣容，敵方對其傳球總是一籌莫展。

2022 賽季，「小白」狀態有點不穩，來到本賽季更不用重用，並謂：「過去幾個月很困難，我盡了最大努力踢球，但總教練依然說『不』，我始終不是超人，如果連續幾個月也沒有上陣，實在難以維持最高狀態。」亦因如此，他選擇了離開，「我不會說『再見』，只會說『稍後見』，因為我相信仍會再次回到日本。」

告別儀式上，伊涅斯塔收到勝利船會長贈予一把名劍，以示謝意，「我想過在神戶掛靴，可惜人生有時是事與願違，現在離開是最佳的決定」。這名中場大師臨別時被隊友拋上半空 8 次，但告別不等於結束，也表明計劃離開日本後仍會延續輝煌的球員生涯。

這名世界冠軍加盟勝利船時，年薪達 2500 萬歐元，成為當時全球第 4 高薪球員，哪怕在日職只是拿到兩個冠軍，但帶給日本足壇的回憶彌足珍貴，也提升了整個聯賽的知名度。隨著「小白」拂袖而去，勝利船的「超級外援」戰略，亦正式劃上圓滿句號。

日職出色援將

托雷斯（Fernando Torres）
空降鳥栖砂岩
王子平淡中掛靴

文：羅伊

　　「日本永遠是我第二個家！」西班牙「王子」托雷斯（Fernando Torres）在職業生涯最後兩年，決定東來轉投鳥栖砂岩，可惜沒能在日職創造崢嶸歲月，但依然無怨無悔，坦言對日本球迷和文化留下深刻印象。

　　托雷斯年少成名，年僅 19 歲被馬競委任命為隊長，刷新隊史紀錄，合共上陣 244 場攻進 91 球，至 2007 / 08 賽季轉投英超豪門利物浦，事業更上一層樓。首個英超賽季，這名射術了得的前鋒已經進了 24 球，當選球隊年度最佳球員，四個賽季下來，披甲 142 場取得 81 球，效率極高。

　　不過，托雷斯在 2010 / 11 賽季冬季轉會窗，作出可能是人生最錯誤的決定，以 5000 萬鎊打破英國轉會紀錄加盟切爾西，埋下事業走下坡的伏筆。當時未滿的 25 歲的他，雖然在藍軍獲得歐冠聯、歐洲聯賽和英足盃錦標，但進球少得可憐，聯賽從未試過取得雙位數進球，故在合約完結前先後被租借給 AC 米蘭和母會馬競。

　　經過兩個賽季後，今非昔比的王子獲馬競「回收」，2017 / 18 賽季更協助球隊贏得歐洲聯賽冠軍，如願為母會取得首個重要錦標，便在 2018 年夏天離開歐洲足壇，加盟日職球隊鳥栖砂岩，簽約 3 年，年薪達到 7.5 億日圓。作為兩屆歐國盃和一屆世界盃冠軍功臣，他亦是 2008 歐國盃決賽 MVP，以及 2012 年歐國盃、2013 年洲際國家盃射手王，轉戰亞洲足壇自然備受厚望。

　　奈何事與願違，劇情並沒如大家想像中發展。托雷斯在 8 月份的天皇盃第四輪取得處子球，不足一星期後，便在聯賽對大阪飛腳打開進球之門，以為是美好的開始。殊不知，王子適應不到日職節奏，首個賽季僅進 4 球，之後一個賽季僅進 3 球，表現令人大失所望。

　　自古美人嘆遲暮，不許英雄見白頭，或者托雷斯也感意興闌珊，遂提早一年結束合約，並在 2019 年夏天宣佈掛靴。上天並沒有特別眷顧他，王子在謝幕戰面對兩名西班牙前度戰友比亞（David Villa）和伊涅斯塔（Andrés Iniesta）率領的神戶勝利船，慘敗 1：6 告終，同時為十八年球員生涯劃上句號。

　　值得一提，托雷斯在日職發生一段小插曲，話說鳥栖砂岩前韓國主帥金明輝，多年來習慣用暴力對待球員，曾在訓練期間抓住一名球員用腳將其掃倒，引起內部不滿。日職球員以匿名信方式向日本足總投訴，托雷斯亦路見不平，有份參與聯署投訴。

　　「經歷了非常奇妙的十八年，我一直用心踢球，也深深愛著足球，期間得到很多榮譽、尊重。說真的，小時候我完全無想像過自己會有今日的成就，衷心感激球迷一路以來的支持。」托雷斯在日本深情告別後，曾擔任佐賀市的親善大使，目前是馬競 U19 總教練，說不定會是西蒙尼（Diego Simeone）的繼承者。

鬥牛士射手「勝利」掛靴－
比亞（David Villa）

文：羅伊

　　集世界盃、歐洲盃、歐冠聯錦標於一身，西班牙「帥哥殺手」比亞（David Villa）在職業生涯最後一年，划起神戶勝利船前行，最終亦不負眾望，助球隊拿到天皇盃冠軍，圓滿謝幕。

　　比亞生於西班牙蘭格雷奧（Langreo）的小鎮，4 歲時意外弄斷右腳，卻因禍得福，老父那時刻意鍛鍊其左腳，讓他日後成為「雙槍將」。然而，他身材矮小，14 歲那年依然坐在板凳上，缺乏表演機會，一度打算放棄足球，幸獲父母鼓勵和支持，終堅持追夢。

　　比亞的射手觸覺彷彿與生俱來，由希洪、薩拉戈薩轉投瓦倫西亞後，自此平步青雲，上陣 166 場踢進 108 球，2010 年獲豪門巴薩引進。他在巴薩的進球率略為下滑，但就拿到 8 個錦標，包括歐冠、世俱盃、西甲等榮譽，隨後轉投馬競。為了證明寶刀未老，他於 2015 年加盟紐約城，進球不斷，披甲 126 場進 80 球，榮膺 2016 年美職聯最有價值球員。

　　在國際舞台，比亞早在 2005 年上演處子作，12 年來上陣 98 場，踢進 59 球，與托雷斯（Fernando Torres）成功解決鬥牛士長期鋒線疲弱的老毛病。2008 年歐洲盃和 2010 年世界盃，這名前鋒也立下汗馬功勞，迄今仍保持國家進球王身份，絕無幸運成份。

　　2018 年 12 月 1 日，比亞宣佈加盟神戶勝利船，並在那賽季最後一輪聯賽入場觀戰。3 個月後，他在第二

輪聯賽對鳥棲砂岩踢進處子球，7 月份成為最快取得第 10 球的球員。那賽季，他攻進 13 球，效率依舊出色，第 17 輪對名古屋鯨魚的妙射，更當選中年度最佳進球！

2019 年 11 月 13 日，比亞宣布賽季後退役，2020 年 1 月 1 日職業生涯最後一場比賽是天王盃決賽對鹿島鹿角，如願封王，滿足地結束二十年球員生涯。「過去兩年，我受傷 3、4 次，令我開始思考足球以外的事情，所以，我決定退役，因為我想在快樂的時候離開球場。」他說。

過往經常與國家隊東征西討，加上曾在美國和澳洲落班，這名西班牙人坦言與日本情有獨鍾：「兩個女兒希望繼續在日本生活，就像她們希望我繼續踢球一樣，每次去日本，大女兒總希望跟我一起去，小孩對日本的感情，比我想像中更多。」

退役後，今年 41 歲的比亞積極拓展個人足球商業版圖，創辦 DV7 Group 公司，不僅有馬德里有足球學校，亦成為業餘球隊 CF Benidorm 的老闆，冀借用球隊培育新一代球星，回饋足壇。

國家圖書館出版品預行編目資料

日職出色援將／羅伊、凱爾文、破風　合著　－初版－
臺中市：天空數位圖書　2024.04
版面：14.8*21 公分
ISBN：978-626-7161-93-7（平裝）
1.CST：足球　2.CST：運動員　3.CST：世界傳記
528.999　　　　　　　　　　　　　　　113005963

書　　　名：日職出色援將
發 行 人：蔡輝振
出 版 者：天空數位圖書有限公司
作　　者：羅伊、凱爾文、破風
編　　審：品焞有限公司
製作公司：艾輝有限公司
美工設計：設計組
版面編輯：採編組
出版日期：2024 年 4 月（初版）
銀行名稱：合作金庫銀行南台中分行
銀行帳戶：天空數位圖書有限公司
銀行帳號：006—1070717811498
郵政帳戶：天空數位圖書有限公司
劃撥帳號：22670142
定　　價：新台幣 290 元整
電子書發明專利第　Ｉ　306564　號
※如有缺頁、破損等請寄回更換

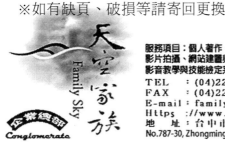

服務項目：個人著作、學位論文、學報期刊等出版印刷及DVD製作
影片拍攝、網站建置與代管、系統資料庫設計、個人企業形象包裝與行銷
影音教學與技能檢定系統建置、多媒體設計、電子書製作及客製化等
TEL　：(04)22623893　　　MOB：0900602919
FAX　：(04)22623863
E-mail：familysky@familysky.com.tw
Https ://www.familysky.com.tw/
地　　址：台中市南區忠明南路 787 號 30 樓國王大樓
No.787-30, Zhongming S. Rd., South District, Taichung City 402, Taiwan (R.O.C.)